高职高专汽车三融合新型教材

汽车故障诊断与维修 学习领域7

汽车传动系统故障诊断与维修

主编 黄 伟

参编 黄 华 李亚鹏

机械工业出版社

本书以目前市场占有率较高的汽车为例，系统地介绍了汽车传动系统的基本结构、工作原理、故障检测和诊断、使用维修等内容，并对在汽车传动系统上推广使用的新结构、新技术作了较详细的介绍。全书分6个项目、16个任务，主要讲授项目1汽车传动系统认知及汽车维修安全守则；项目2离合器的故障诊断与维修；项目3手动变速器的故障诊断与维修；项目4自动变速器的故障诊断与维修；项目5万向传动装置的故障诊断与维修；项目6驱动桥的故障诊断与维修。

本书提供大量教学资源（含PPT、微课视频、动画、学生学习工作页题解、教学文件等），通过扫描二维码可链接教学资源，方便教师授课和学生课外学习。

本书可以作为高职高专、普通高等院校及中专、技校的汽车类专业（汽车检测与维修技术、汽车营销与服务、汽车车身修复技术、汽车制造与装配技术、新能源汽车技术等）学生教材，还可以作为汽车企业的培训教材，以及汽车爱好者的阅读材料。

图书在版编目（CIP）数据

汽车传动系统故障诊断与维修/黄伟主编. —北京：机械工业出版社，2021.5

高职高专汽车三融合新型教材

ISBN 978-7-111-68035-2

Ⅰ.①汽… Ⅱ.①黄… Ⅲ.①汽车-传动系-故障诊断-高等职业教育-教材②汽车-传动系-车辆修理-高等职业教育-教材 Ⅳ.①U472.41

中国版本图书馆CIP数据核字（2021）第069394号

机械工业出版社（北京市百万庄大街22号　邮政编码100037）
策划编辑：蓝伙金　责任编辑：蓝伙金　张双国
责任校对：樊钟英　封面设计：鞠　杨
责任印制：李　昂
北京圣夫亚美印刷有限公司印刷
2021年8月第1版第1次印刷
184mm×260mm · 12.75印张 · 309千字
0001—1500册
标准书号：ISBN 978-7-111-68035-2
定价：45.00元

电话服务　　　　　　　网络服务
客服电话：010-88361066　机 工 官 网：www.cmpbook.com
　　　　　010-88379833　机 工 官 博：weibo.com/cmp1952
　　　　　010-68326294　金 书 网：www.golden-book.com
封底无防伪标均为盗版　机工教育服务网：www.cmpedu.com

高职高专汽车三融合新型教材
编写委员会

主　任　蔡兴旺（韶关学院）

副主任　欧阳惠芳（广州汽车集团股份有限公司）

　　　　曹晓光（广州科技职业技术大学）

　　　　毛　峰（东莞职业技术学院）

　　　　潘伟荣（广东交通职业技术学院）

　　　　王兆海（深圳职业技术学院）

　　　　黄　伟（广东机电职业技术学院）

　　　　夏长明（广州城建职业学院）

　　　　王玉彪（深圳风向标教育资源股份有限公司）

委　员　（按姓氏拼音排序）

　　　　陈连云（广东交通职业技术学院）

　　　　邓志君（深圳职业技术学院）

　　　　郭海龙（广东交通职业技术学院）

　　　　刘奕贯（南京交通职业技术学院）

　　　　欧阳思（广州汽车集团零部件有限公司）

　　　　邱今胜（深圳信息职业技术学院）

　　　　孙龙林（深圳职业技术学院）

　　　　王丽丽（广州汽车集团股份有限公司）

　　　　王庆坚（广东交通职业技术学院）

　　　　王章杰（深圳风向标教育资源股份有限公司）

　　　　谢少芳（广东交通职业技术学院）

　　　　许睿奇（广州汽车集团零部件有限公司）

　　　　杨庭霞（广州松田职业技术学院）

　　　　叶冰雪（华南理工大学）

　　　　张永栋（广东交通职业技术学院）

　　　　郑锦汤（广州华商职业学院）

　　　　周　逊（广州珠江职业技术学院）

序

为认真贯彻执行教育部文件精神，服务汽车产业升级需要，在市场调研和专家论证的基础上，我们列出了"高职高专汽车三融合新型教材"选题18种，并组建一流的编写队伍，在一线行业专家和院校名师组成的编审委员会的指导下编写了本套教材。

一、编写的指导思想和原则

本套教材以高职"汽车检测与维修技术"专业为主，兼顾汽车运用技术、汽车电子技术等专业教学需要，对应汽车各专业诸多平台课（"汽车企业文化""汽车机械识图""汽车机械基础""汽车电工电子技术基础"等）、核心专业课（"汽车维修接待、沟通与管理""汽车维护""车载网络系统故障诊断与维修""汽车发动机管理系统故障诊断与维修""电动汽车与燃气汽车故障诊断与维修"等12个学习领域）和部分典型品牌汽车维修案例等大量教学资源。

1. 编写指导思想

以就业为导向，以岗位需求为核心，努力将职业素养、专业技能与企业文化深度融合（三融合），使学生在学习专业知识和技能的同时，接受职业素养教育和企业文化熏陶，培养爱国爱岗、敬业守信、精益求精的观念，健全的人格和良好的修养，崇尚工匠精神，建立社会主义核心价值观。

2. 编写原则

以"必需、够用"为编写原则，以企业需求为基本依据，以培养职业素养、专业技能与企业文化深度融合为主线，兼顾行业升级需要和降低城市雾霾等环境保护的新要求，突出新能源汽车等新知识、新技术、新工艺和新方法。

二、教材特色

本套教材从企业实际出发，以培养技术应用型人才为目标，在总结多年教学经验和借鉴已有教材的基础上，充分吸取先进职教理念和方法，形成如下特点：

1. 吸收国内外先进职教经验，体现科学性和时代性

本套教材认真吸取了中德职业教育汽车机电合作项目（SGAVE）和国家示范性院校、骨干院校专业建设项目等近年来国内外的最新教学改革成果，认真总结借鉴了参加教材编写院校的许多成功经验，使本套教材具有科学性和时代性。

2. 以"项目引领、任务驱动"为主线，实现"知行合一"

本套教材以客户要求和汽车维修过程为导向，以实际任务为驱动，以实际职业要求为目标，模拟企业服务流程，包括任务接受、任务接待、任务准备（含信息资料收集与学习、任务分析、维修计划制订、设备材料准备等）、任务实施（含故障检测、使用维修、安全环保、任务检查等）和任务交付的完整行动过程。有些教材直接由企业（广州汽车集团股份有限公司）主编（如《汽车企业文化》和《汽车维修接待、沟通与管理》）。教材内容结合

国内保有量较大的汽车车型，按照学生认识规律，从感性到理性，由浅入深，将汽车的结构、原理、运用、维护、故障诊断与维修有机融合，各教材均插入"学习工作页"，促进学、做结合，理论紧密联系实际，着力提高学生的实践技能、综合素质和就业能力。

3. 内容上力求反映行业最新技术发展动态

为了尽可能满足行业升级需要、减少污染等环境保护的新要求，本套教材讲解了车载网络系统、电控管理系统和新能源汽车等汽车前沿最新技术，突出介绍汽车新知识、新技术、新工艺和新方法。

4. 体现中高职的有效衔接，避免重复或空白

本套教材从体系上既考虑普遍性，也考虑专项针对性，以适应不同层次、不同起点的教学需要。

5. 形式活泼，教学资源丰富

本套教材适应高职学生特点，除了主教材外，还配以"学习工作页"和大量的教学资源（含微视频/动画、学习工作页题解和教学资源包等），通过扫描二维码可链接教学资源，方便教师授课和学生课外学习。

三、教材编写队伍

本套教材由华南理工大学、韶关学院、广东交通职业技术学院、深圳职业技术学院、广州科技职业技术大学、东莞职业技术学院、广东机电职业技术学院、广州珠江职业技术学院、深圳信息职业技术学院、南京交通职业技术学院等10多所职业院校和广州汽车集团股份有限公司、深圳风向标教育资源股份有限公司等组织编写。编写成员包括企业高管、企业专家、技术骨干和院/校长、专业名师、学科带头人、骨干教师。

本套教材成立了教材编审委员会和教材编写委员会，在教材编审委员会的指导下，编写委员会参考中德职业教育汽车机电合作项目（SGAVE）课程大纲要求，结合企业需要，列出选题计划，并统一教材编写的指导思想、原则和体例等。通过自荐或他荐方式，确定了多名教授领衔主编，并要求主编拟定各自负责的教材编写大纲、体例和样章。每本教材的编写大纲、体例和样章都经过三名专家主审，以便集思广益。为了精益求精，许多教材的编写大纲经过多次反复修改。编写中结合优质院校、一流专业等建设项目，充分体现了"产教结合，校企合作"的开发特色，使教材反映了最新的技术和最新的教学成果。最后由蔡兴旺教授统一定稿。这些为保证教材的质量、水平奠定了坚实的基础。

"高职高专汽车三融合新型教材"编审委员会
"高职高专汽车三融合新型教材"编写委员会

出 版 说 明

教材是教学过程的主要载体，加强教材建设是深化教学改革的有效途径，是推进人才培养模式改革的重要条件，也是保障教学基本质量、培养高端技能型人才和技术应用型人才的重要基础。

一、培养目标说明

本套教材从职业分析入手，对职业岗位进行了能力分解（包括倾听客户抱怨、技术咨询、维修检测、专业工具和仪器设备操作、故障诊断和维修保养），确定了高职高专汽车检测与维修技术专业的培养目标，即面向汽车"后市场"，培养具有与本专业相适应的水平和良好的职业道德，掌握一定的专业理论知识，具备较强的实践技能、实际工作能力和经营管理能力，德、智、体、美、劳等全面发展的高等技术应用型人才。

二、职业素养的内容体系

1. 职业基本素养

（1）政治素养　政治素养包括正确的理想信念以及人生观、世界观和价值观。

（2）意识素养　意识素养包括敬业乐业意识、责任意识、团队合作意识和职业规划意识。

（3）道德素养　道德素养包括社会基本道德品质素养和职业品行修养，要养成诚信、文明礼貌、勤俭自强、乐于助人的良好品质。

（4）文化素养　不但要有计算机知识、外语和专业基础等相关文化知识，还要了解有关汽车企业的文化和发展理念。

2. 能力素养

（1）一般能力　一般能力主要指智商和情商。智商包括记忆力、思维能力、逻辑推理能力、空间想象能力和表达能力等；情商包括情绪控制能力、自我控制能力和人际交往能力。

（2）专业技能　专业技能主要通过专业课学习、培训开发转化而成。专业课应以岗位工作任务为依据，以项目为导向，以任务驱动为原则构建教学内容，采取"教、学、做"一体化来开展教学活动，并重视通过校企合作、工学交替、顶岗实习等人才培养模式改革来培养和提高专业技能。专业技能可以分为一般专业能力和核心专业能力。

① 一般专业能力是应用能力、汽车阅读能力和汽车驾驶能力。

② 核心专业能力是汽车拆装、检查、修理能力，汽车故障诊断能力，汽车性能检测能力和汽车维修企业管理能力。

（3）综合能力　综合能力是一般能力和专业技能的运用能力，既涉及特定的专业综合能力，又涉及跨专业的职业核心能力。

1）专业综合能力包括下列能力：

① 能专业地使用有关维修工具、诊断系统、测量仪和信息系统。

② 能按照维修手册、电路图和工作说明进行操作作业，会选取材料和备件并完成订购过程，能熟练地拆卸和安装部件和总成，并对不同部件进行维修，且维修时采取质量保证措施，保持工位的有序（5A）和整洁（5S）。

③ 能独立制订工作计划并实施，使工作过程可视化。

④ 能查找资料与文献，以取得有用的知识。

⑤ 能处理优惠和索赔委托任务。

2）专业的职业核心能力包括信息处理能力、沟通能力、组织协调能力和创新能力。

① 信息处理能力，即对信息的识别、整合和加工的能力。

② 沟通能力，是指人在交往过程中所表现出来的联络与协调能力。

③ 组织协调能力，是指从工作任务出发，对资源进行分配、调控、激励和协调，以实现工作目标的能力。

④ 创新能力，是指创新事物、方法的能力。近年来，我国大力提倡教育要培养具有创新精神、创新意识和创新能力的人才，因此有必要在有关课程和教学活动中引导、培养创新创业、技改意识和能力，使学生养成勤用脑、多用手、大胆想、敢突破的创新精神和能力。

三、资源说明

本套教材围绕职业教育"教、学、做"三个服务维度开发。每本教材由主教材和学习工作页两部分组成。主教材部分主要由构造、原理和检修内容组成。学习工作页部分包含理论学习和实训。理论学习又包括课前预习和课后习题（如填空、填图、问答、班级交流等），以评价学习是否达标；实训则注重流程和方法的掌握。

本套教材在内容选材、编写和呈现方式等多方面加强精品化建设，采用双色印刷，同时配有教学资源包、微视频/动画、学习工作页题解等教学资源，为教、学、练、考提供便利。

教学资源包：包括教学课件和相关微课等资源，供教师上课、学生课前预习和课后复习使用，可以登录机械工业出版社教育服务网（www.cmpedu.com）注册后免费下载。咨询电话 010-88379375。

微视频/动画：对于课本中的部分重点、难点，以视频形式给予讲解，读者可以用手机或平板电脑扫描书中二维码链接观看。

学习工作页题解：配有每个项目的学习工作页题目解答，供做作业时参考。

机械工业出版社

前　言

本书以教育部《关于全面提高高等职业教育教学质量的若干意见》《教育部关于"十二五"职业教育教材建设的若干意见》和2016年底全国新能源汽车专业指导委员会会议精神等为指导，立足以客户要求和汽车维修过程为导向，以实际任务为驱动，实际职业要求为目标，模拟企业流程，从任务接受、任务接待、任务准备（含信息资料收集与学习、任务分析、维修计划制定、设备材料准备等）、任务实施（含故障检测、使用维修、安全环保、任务检查等）和任务交付的完整的行动过程。按照学生认识规律，从感性到理性，由浅入深，组织教材体系，其间插入学习工作页，促进学生学、做结合，理论紧密联系实际，着力提高学生实践技能、综合素质和就业能力。

本书吸收了近年来汽车的新技术、新成果、现行标准和教育改革所取得的新经验，紧密结合国内保有量大的车型，将汽车传动系统的结构、工作原理、运用、维护、故障与检测有机融合，理论与实训有机融合。

全书分6个项目、16个任务，主要讲授离合器、手动变速器、自动变速器、万向传动装置、驱动桥等汽车的基本结构、工作原理、故障检测和诊断、使用维修。

本书提供大量教学资源（含PPT、微课视频、动画、学生学习工作页题解、教学文件等），通过扫描二维码可链接教学资源，方便教师授课和学生课外学习。

本书由黄伟教授任主编。编写分工如下：广州科技贸易职业学院黄华编写项目5和任务12，广东机电职业技术学院黄伟编写其余部分，并对全书进行审阅统稿和教学资源加工制作，东莞职业技术学院李亚鹏参与视频、动画制作。

在本书编写及课件制作过程中，得到机械工业出版社、中国汽车技术研究中心、广州汽车集团股份有限公司、深圳职业技术学院、韶关学院、深圳信息职业技术学院、广州科技贸易职业学院、广州珠江职业技术学院、深圳风向标教育资源股份有限公司等单位和个人的大力支持与帮助，书中检索了大量汽车网站及汽车教材、论文资料，一并在此谨表深深的谢意。

由于本书内容新、知识面广，限于作者水平和能力，书中难免存在误漏之处，诚恳期望得到同行专家和广大读者批评指正。

《汽车传动系统故障诊断与维修》编写组

二维码索引

（续）

目　录

项目1　汽车传动系统认知及汽车维修安全守则

学习目标

1. 知识要求
1）掌握传动系统的布置形式。
2）掌握汽车维修的基本方法。
3）掌握汽车维修生产安全注意事项。

2. 技能要求
1）能够进行传动系统的维护作业。
2）能够识别前置前驱、前置后驱、中置后驱、后置后驱、四轮驱动等传动系统布置。
3）能够进行汽车检测、故障诊断、维护、修理等作业。
4）能够正确、安全地使用汽车维修工具和设备。

任务1　汽车传动系统认知

任务接受

某一汽车在行驶过程中出现底盘异响故障，试分析故障原因并排除故障。

任务准备

1.1　传动系统的作用、组成与分类

汽车发动机与驱动轮之间的动力传递装置称为汽车的传动系统。它应保证汽车具有在各种行驶条件下所必需的牵引力、车速，以及它们之间的协调变化等功能，使汽车有良好的动力性和燃油经济性；还应保证汽车能倒车，以及左、右驱动车轮能适应差速要求，并使动力传递能根据需要平稳地接合或彻底、迅速地分离。

（1）作用　减速增矩、变速变矩、实现倒车、必要时中断传动系统的动力传递、差速功能。

（2）组成　机械式传动系统主要由离合器、变速器、万向传动装置和驱动桥组成。其

中，万向传动装置由万向节和传动轴组成，驱动桥由主减速器和差速器组成。

（3）分类　传动系统可按能量传递方式的不同，划分为机械式传动、液力机械式传动、液压传动和电传动。

① 机械式传动系统。机械式传动系统包括离合器、变速器、传动轴、主减速器及差速器、半轴等部分。

机械式传动系统示意图如图1-1所示。发动机发出的动力经离合器、变速器、万向传动装置传到驱动桥。在驱动桥处，动力经主减速器、差速器和半轴等到达驱动车轮。

② 液力机械式传动系统。液力机械式传动系统主要由液力变矩器、自动变速器、万向传动装置和驱动桥组成。

液力机械式传动系统示意图如图1-2所示。它是利用液体介质在主动元件和从动元件之间循环流动过程中动能的变化来传递动力。液力传动装置串联了一个有级式机械变速器，这样的传动称为液力机械传动。

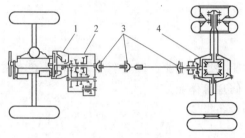

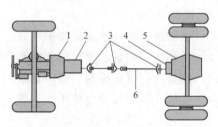

图1-1　机械式传动系统示意图

1—离合器　2—变速器　3—万向传动装置　4—驱动桥

图1-2　液力机械式传动系统示意图

1—液力变矩器　2—自动变速器　3—万向传动装置
4—驱动桥　5—主减速器　6—传动轴

③ 液压传动系统。液压传动也称为静液传动，是靠液体传动介质静压力能的变化来传递能量的。液压传动系统示意图如图1-3所示，它主要由油泵、液压马达和控制装置等组成。发动机输出的机械能通过油泵转换成液压能，然后由液压马达将液压能转换成机械能。液压传动具有布置灵活等优点，但其传动效率较低、造价高、使用寿命与可靠性不理想，目前只运用在少数特种车辆上。

④ 电传动系统。电传动是由发动机带动发电机发电，再由电动机驱动驱动桥，或由电动机直接驱动带有减速器的驱动轮，也称混合动力。电传动系统示意图如图1-4所示。

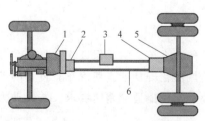

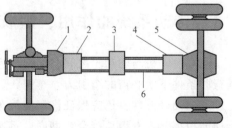

图1-3　液压传动系统示意图

1—离合器　2—油泵　3—控制阀
4—液压马达　5—驱动桥　6—油管

图1-4　电传动系统示意图

1—离合器　2—发电机　3—控制器
4—电动机　5—驱动桥　6—导线

1.2　传动系统布置

（1）前置前驱（FF）　前置前驱是指发动机前置、前轮驱动的驱动形式。目前大多数中、小型轿车都采用了这种驱动形式。前置前驱驱动形式将变速器和驱动桥做成了一体，固定在发动机旁将动力直接输送到前轮，驱动前轮使汽车前进。前置前驱驱动形式可以分为发动机横放前置前驱（图 1-5）和发动机纵放前置前驱（图 1-6）两种。

图 1-5　发动机横放前置前驱

图 1-6　发动机纵放前置前驱

（2）前置后驱（FR）　前置后驱是指发动机前置、后轮驱动的驱动形式。这是一种传统的驱动形式，前置后驱示意图如图 1-7 所示。采用这种驱动形式的轿车，其前车轮负责转向，后轮承担驱动工作，发动机输出的动力通过离合器、变速器、传动轴输送到后驱动桥上，驱动后轮使汽车前进。

（3）后置后驱（RR）　后置后驱是指发动机布置在后轴之后，用后轮驱动的驱动形式，主要用于大中型客车和少数跑车（图 1-8）。

图 1-7　前置后驱示意图

图 1-8　后置后驱示意图

（4）中置后驱（MR）　中置后驱是指发动机布置在前后轴之间，用后轮驱动的驱动形

式，主要用于跑车和少数大中型客车（图1-9）。

（5）四轮驱动　四轮驱动形式原来主要用于越野车，现在在部分轿车上也开始普及，最典型的应用车型是斯巴鲁和奥迪的部分车型。

① 分时四驱（Part-time 4WD）。分时四驱是驾驶人可以在两驱和四驱之间手动选择的四轮驱动形式（图1-10）。驾驶人根据路面情况，通过接通或断开分动器来变换两轮驱动或四轮驱动模式。四时驱动是一般越野车或四驱SUV

图1-9　中置后驱示意图

最常见的驱动形式，其最显著的优点是可根据实际情况来选取驱动模式，比较经济。

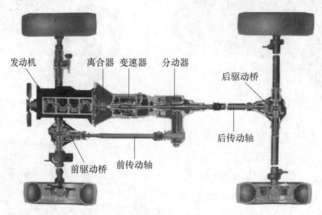

图1-10　切诺基分时四驱示意图

② 适时驱动（Real-time 4WD）。适时驱动（图1-11）可以通过ECU来控制选择适合当下情况的驱动模式。在正常的路面，车辆一般会采用后轮驱动的方式，一旦遇到路面不良或驱动轮打滑的情况，ECU会自动检测并立即将发动机输出转矩分配给两个前车轮，自然切换到四轮驱动状态，免除了驾驶人的判断和手动操作，应用更加简单。

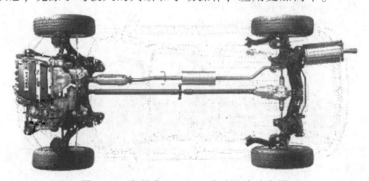

图1-11　东风本田CR-V适时驱动示意图

③ 全时四驱（Full-time 4WD）。这种形式的传动系统不需要驾驶人选择操作，前、后车轮永远维持四轮驱动模式，在汽车行驶时将发动机输出转矩按50∶50设定在前、后轮上，

使前、后车轮保持等量的转矩。全时驱动系统（图 1-12）具有良好的驾驶操控性和行驶循迹性，但其缺点也很明显，那就是比较废油，经济性不够好，而且没有任何装置来控制轮胎转速的差异，一旦一个轮胎离开地面，往往会使汽车停滞在原地，不能前进。

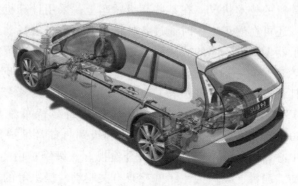

图 1-12　瑞典 SAAB 全时四驱示意图

作 业

完成"学习工作页"1.1 的测试题和实训 1。

任务 2　汽车维修方法及汽车维修安全守则

任务接受

某一汽车在行驶过程中出现异常现象，试分析故障原因，并排除故障。

任务准备

2.1　汽车维修的基本方法

（1）汽车检测　汽车检测是为确定汽车技术状况和工作能力所进行的检查和测量，主要内容包括：影响汽车安全性的制动、侧滑、转向、照明等的检测；影响汽车可靠性的异响、磨损、变形、裂纹等的检测；影响汽车动力性的车速、加速能力、底盘输出功率、发动机功率和转矩及供给系统、点火系统状况等的检测；影响汽车经济性的燃料消耗量的检测；影响环境的汽车噪声和废气排放状况等的检测。

对汽车进行检测应该在不解体的情况下进行，为检查汽车技术状况和故障诊断作前期准备。

（2）汽车故障诊断

1）人工经验诊断。人工经验诊断也称为直观诊断，其诊断的准确性在很大程度上取决于诊断人员的技术水平和经验。

2）仪器设备诊断。用仪器或设备可测试发动机性能和故障的参数、曲线或波形，甚至能自动分析、判断发动机的技术状况。在某些高级轿车上，采用计算机实现对发动机、变速器等进行控制的同时，还可在汽车工作时通过各种传感器对汽车进行动态监测，当可能出现故障时，能及时在显示器上提供不同的故障码，以便及早发现并排除可能出现的故障。

（3）汽车维护　汽车维护一般可分为常规性维护、季节性维护和磨合期维护。

常规性维护分为日常维护、一级维护和二级维护。各级维护的参考间隔里程或使用时间间隔一般以汽车生产厂家的规定为准。例如，桑塔纳普通型轿车维护规定为日常维护、7500km首次维护、15000km维护和30000km维护4种级别。日常维护是驾驶人必须完成的日常性工作，其作业中心内容是清洁、补给和安全检视。一级维护由专业维修工负责执行，其作业中心内容以清洁、润滑、紧固为主，并检查有关制动、操纵等的安全部件等。二级维护由专业维修工负责执行，其作业中心内容以检查、调整为主，并拆检轮胎，进行轮胎换位等。

凡全年最低气温在0℃以下的地区，在入夏和入冬前需要进行季节性维护，其作业内容为更换符合季节要求的润滑油、冷却液，并调整燃油供给系统和充电系统，检查冷却系统和取暖或空调系统的工作情况。

磨合期维护是指新车和修复车在磨合期开始、磨合中及磨合期满后进行的有关维护，由维修厂负责执行，其作业内容以检查、紧固和润滑等为主。

汽车维护的主要工作有清洁、检查、紧固、调整、润滑和补给等。清洁工作的内容主要包括对燃油滤清器、机油滤清器、空气滤清器的清洁，对汽车外表的养护和对有关总成、零部件内外部的清洁等。检查工作的内容主要是检查汽车各总成和零部件的外表、工作情况以及连接螺栓的紧固情况等。紧固工作的重点放在负荷重且经常变化的各部机件的连接部位上，以及对各连接螺栓进行必要的紧固和配换。调整工作的内容主要包括按技术要求恢复总成、零部件的正常配合间隙及工作性能等。润滑工作的主要内容包括对发动机润滑系统更换或添加润滑油，对传动系统以及行驶系统各润滑点加注润滑油或润滑脂等。补给工作是指对汽车的燃油、润滑油及特殊工作液体进行加注补充，对蓄电池进行补充充电，对轮胎进行补气等。

（4）汽车维修　汽车维修一般流程如图1-13所示。

图1-13　汽车维修一般流程

1）预约。

① 询问必要信息（如客户资料、车辆信息、维修履历、销售日期）。

② 对于预约用户信息，维修专员以表格形式转发至相关业务部门（前台、车间、零部件），以便相关业务部门提前做好准备、应对工作，各个环节缺一不可。

2）维修接待。

① 迅速出迎：客户到店时引导员应该迅速出迎，告知客户停车位置；引导客户停车（站在车辆左前方安全范围内引导）。

② 细致询问：询问客户时必须尽量细致、完整，车间将以此为依据对车辆进行检查和维修。

③ 耐心倾听：耐心倾听客户对故障的陈述，让客户感受到你的关注。

④ 如实记录：做完环车检查之后，检视并与客户确认维修需求，确保记录与客户意愿无偏差。

3）作业估价。

① 准备诊断：结合接待环节，对客户进行恰当的解释说明工作，客户确认维修项目。

② 零部件确认：零部件缺货时，服务顾问应与客户说明并确认处理方法。

③ 精确估价：出具正式的诊断报告，包括故障原因、维修方案或维修建议、维修时间和维修项目及零件。

④ 清晰说明：逐项说明维修项目的工时、零件等相关信息。

4）作业管理。

① 接受工单：合理派工，车辆交接。

② 零部件出库：预约备料，出库。

③ 实施维修。

5）检验。

① 三级检验：包括自检（维修技师在完工后做自检）、班组检（维修技师所在班组长在完工后做检查）、总检（车辆移交质检员后进行总体检查）。

② 检查细致：各级检查都应对检查项目进行点检，对于不符合要求的检验项目绝对不能通过。对检测线检查、路试检查等方式不确定的项目进行检查确认。

6）交车。交车前检查，服务项目说明，付款，送行。

7）跟踪回访。

2.2　汽车维修生产安全注意事项

（1）个人安全

1）眼睛的防护。在汽车维修企业中，眼睛经常会受到各种伤害，如飞来的物体、腐蚀性的液体飞溅、有毒的气体或烟雾等，这些伤害几乎都是可以防护的。

常见的保护眼睛的装备是护目镜（图1-14）和安全面具（图1-15）。护目镜可以防护各种对眼睛的伤害，如飞来物体或飞溅的液体。在下列情况下，应考虑佩戴护目镜：进行金属切削加工，用錾子或冲子铲剔，使用压缩空气，使用清洗剂等。安全面具不仅能够保护眼睛，还能保护整个面部。如果进行电弧焊或气焊，要使用带有色镜片的护目镜或深色镜片的特殊面罩，以防止有害光线或过强的光线伤害眼睛。

2）听觉的保护。汽车修理厂的噪声很大，各种设备如冲击扳手、空气压缩机、砂轮机、发动机等都会制造出很大的噪声。短时的高噪声会造成暂时性听力丧失，而持续的低噪声会对人身体造成长期伤害。

常见的听力保护装备有耳罩和耳塞，噪声极大时可同时佩戴。一般在钣金车间必须佩戴耳罩或耳塞。

3）手的保护。手是人体经常受伤的部位之一。保护手要从两方面进行：一是不要把手伸至危险区域，如发动机前部转动的传动带区域、发动机排气管道附近等；二是必要时戴上防护手套。不同的场合需要戴不同的防护手套，进行金属加工时应戴劳保安全手套，接触化学品时应戴橡胶手套。

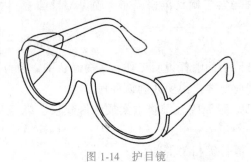

图 1-14　护目镜　　　　　　　　　　　　　　　　图 1-15　安全面具

4）衣服、头发和饰物。宽松的衣服、长袖子、领带等都容易被卷进旋转的机器中，所以在修理厂中，一定要穿合体的工作服，最好是连体工作服，外套、工装裤也可以，如果戴领带要把它塞到衬衫里。

工作时不要戴手表或其他饰物，特别是金属饰物，因为金属饰物在进行电气维修时可能会导入电流而烧伤皮肤，或导致电路短路而损坏电子元件或设备。

在工厂内要穿劳保鞋，这样可以保护脚面不被落下的重物砸伤，且劳保鞋的鞋底是防油、防滑的。

长头发很容易被卷入运转的机器中，所以长头发一定要扎起来，并戴上帽子。

常见的个人安全防护设备如图 1-16 所示。

搬运重物姿势如图 1-17 所示。

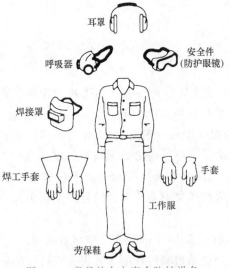

图 1-16　常见的个人安全防护设备

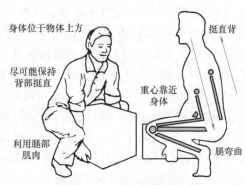

图 1-17　搬运重物姿势

（2）工具和设备安全

1）手动工具的安全。手动工具看起来是安全的，但使用不当也会导致事故。例如，用一字形螺钉旋具代替撬棍，会导致旋具崩裂、损坏，飞溅物打伤自己或他人；扳手从油腻的

手中滑落，可能会掉到旋转的元件上，飞出来伤人等。

另外，使用带锐边的工具时，锐边不要对着人；传递工具时，要将手柄朝着对方。

2）动力工具的安全。所有的电气设备都要使用三相插座，地线要安全接地，电缆或装配松动时应及时维护；所有旋转的设备都应有安全罩，以减少发生部件飞出伤人的可能性。

在进行电子系统维修时，应断开电路的电源，方法是断开蓄电池的负极搭铁线，这不仅是为了保护人身安全，还能防止对电器的损坏。

许多维修工序需要将汽车升离地面，在升起车辆前应确保汽车已被正确支承，并应使用安全锁以免汽车落下。用千斤顶支起汽车时，应当确保千斤顶支承在汽车底盘大梁部分或较结实的部分。图 1-18 所示为丰田雷克萨斯 LS400 轿车的举升支承位置。

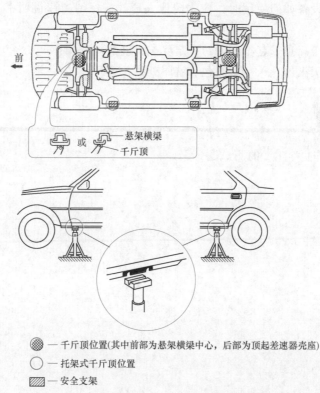

⊚ —千斤顶位置(其中前部为悬架横梁中心，后部为顶起差速器壳座)

○ —托架式千斤顶位置

▨ —安全支架

图 1-18　丰田雷克萨斯 LS400 轿车的举升支承位置

3）压缩空气的安全。使用压缩空气时，应非常小心，不要将压缩空气对着人，不要对着地面或设备、车辆乱吹。压缩空气会撕裂耳鼓膜，造成失聪；会损伤肺部或损伤皮肤；被压缩空气吹起的尘土或金属颗粒会造成皮肤、眼睛损伤。

（3）日常安全守则　日常工作中，应遵守以下规则：

① 工具不使用时应保持干净并放到正确的位置。

② 各种设备和工具要及时检查和保养。

③ 手上应避免有油污，以免工具滑脱。

④ 起动发动机的车辆应保证驻车制动器工作正常。

⑤ 不要在车间内乱转。

⑥ 在车间内起动发动机时要保持通风良好。

⑦ 在车间内穿戴、着装要合适，并佩戴必要的防护装备，如手套、护目镜、耳塞等。

⑧ 不要将压缩空气对着人或设备吹。

⑨ 尖锐的工具不要放到口袋里，以免扎伤自己或划伤车辆。

⑩ 常用通道上不要放工具、设备、车辆等。

⑪ 用正确的方法使用正确的工具。

⑫ 手、衣服、工具应远离旋转设备或部件。

⑬ 开车进出车间时要格外小心。

⑭ 在极度疲劳或意志消沉时不要工作，在这些情况下，人的注意力会降低，有可能导致对自身或他人的伤害。

⑮ 不清楚车间设备如何使用时，应先向他人请教或仔细阅读说明书，以得到正确、安全的使用方法。

⑯ 用举升器或千斤顶升起车辆时，一定要按正确的规程操作。

⑰ 应清楚车间灭火器、医疗急救包、洗眼处的位置。

作 业

完成"学习工作页"1.2 的测试题。

项目 2　离合器的故障诊断与维修

1. 知识要求

1）能够简述离合器的功用、对离合器的基本性能要求、离合器的分类。

2）掌握摩擦式离合器的工作原理。

3）掌握摩擦式离合器的构造。

2. 技能要求

1）能够检修周布弹簧离合器、膜片弹簧离合器、从动盘与扭转减振器、离合器的操纵机构。

2）能够诊断与排除离合器常见的故障。

任务 3　离合器打滑的故障诊断与维修

🚗 任务接受

客户报修：汽车用低速档起步时，放松离合器踏板后，汽车不能灵敏起步或起步困难；汽车加速行驶时，车速不能随发动机转速的提高而提高，感到行驶无力，严重时产生焦臭味或冒烟等现象。

任务准备

3.1　离合器的构造与工作原理

离合器位于发动机和变速器之间，是汽车传动系统中直接与发动机相联系的总成件。通常离合器与发动机曲轴飞轮组的飞轮安装在一起，是发动机与汽车传动系统之间切断和传递动力的部件。在汽车从起步到正常行驶直至停车的整个过程中，驾驶人可根据需要操纵离合器，使发动机与传动系统暂时分离或逐步接合，以切断或传递发动机向传动系统输出的动力。本项目主要介绍摩擦式离合器的基本组成、工作原理以及其维修方法。

1. 离合器的功用

1）平顺接合动力，保证汽车平稳起步。汽车起步时，从静止到行驶的过程中，其速度由零逐渐增大。此时，如果发动机与传动系统刚性联接，一旦变速器挂上档，汽车将因突然接受动力而猛烈地向前窜动，使汽车未能起步而迫使发动机熄火。原因是汽车由静止至窜动

时，产生很大的惯性力而对发动机产生很大的阻力矩。这种突然加在发动机曲轴上的阻力矩使发动机转速瞬间下降到最低稳定转速（300～500r/min）以下，致使发动机熄火，汽车不能起步。在传动系统装置离合器后，汽车起步之前驾驶人先踏下离合器踏板，使发动机与传动系统分离，再将变速器挂上适当档位，然后逐渐松开离合器踏板，使之逐渐接合。与此同时，驱动轮通过传动系统传给发动机的阻力矩逐渐增加，为使发动机转速不致下降，应同时逐渐踏下加速踏板，使发动机转速始终保持在最低稳定转速以上而不熄火。随着离合器接合紧密度的逐渐增加，发动机传动系统传给驱动轮的转矩逐渐增大，到驱动力足以克服起步阻力时，汽车即从静止开始进入运动并逐渐加速。

2）临时切断动力，保证换档时工作平顺。在汽车行驶过程中，为适应不断变化的行驶工况，需要经常改变传动比（即换档）。在机械式齿轮变速器中，换档是通过拨动齿轮或其他换档机构来实现的，即使原来处于某一档位工作的齿轮副脱开，退出传动，再使另一档位的齿轮副进入啮合工作。在换档前必须踩下离合器踏板，中断动力传递，以减少齿面间的压力，便于使原用档位的啮合副脱开，同时能使新档位啮合副的啮合部位的速度逐渐趋于相等（同步），这样，进入啮合时的冲击可以大为减轻。

3）防止传动系统过载。当汽车进行紧急制动时，如果没有离合器，则发动机将因为和传动系统刚性连接而急剧降低转速，其中所有传动件将产生很大的惯性力矩（根据试验，其数值大大超过发动机正常工作时所发出的最大转矩），对传动系统造成超过其承载能力的冲击载荷，从而导致传动系统机件的损坏。有了离合器，则通过其主、从动部分产生相对滑转而消除传动系统的过载。

2. 离合器的分类

按照离合器主动部分与从动部分之间传递转矩的方式进行分类，离合器可分为以下几种类型：

1）摩擦式离合器：利用两者接触面之间的摩擦作用来传递转矩的离合器称为摩擦离合器。

2）液力偶合器：利用液体作为传动介质的离合器称为液力偶合器。

3）电磁离合器：利用磁力传动的离合器称为电磁离合器。

在离合器中，为产生摩擦所需的压紧力，可以是弹簧、液压作用力或电磁力。目前汽车上广泛采用的是用弹簧压紧的摩擦式离合器（通常简称为摩擦离合器）。

3. 摩擦式离合器的构造与工作原理

（1）摩擦式离合器的组成　如图2-1所示，离合器由主动部分、从动部分、压紧装置和操纵机构四大部分组成。

离合器的主动部分包括飞轮、离合器盖和压盘。飞轮用螺栓和曲轴固定在一起，离合器盖通过螺钉固定在飞轮后端面上，压盘边缘的凸台伸入离合器盖上相应的窗口，并可沿窗口轴向移动，这样，只要曲轴旋转，发动机发出的动力便可经飞轮、离合器盖传至压盘，使它们一起旋转。

（2）摩擦式离合器的工作原理

1）离合器的接合状态。离合器处于接合状态时，压盘在压紧弹簧作用下压紧从动盘，发动机的转矩经飞轮及压盘通过两个摩擦面的摩擦作用传给从动盘，再由从动轴输入变速器。

2）离合器的分离过程。需要离合器分离时，只要踏下离合器踏板，待消除分离杠杆内端与分离轴承之间的间隙后，分离杠杆外端即可拉动压盘克服压紧弹簧的压力而向后移动，从而使压盘与从动盘之间产生间隙，解除作用于从动盘的压紧力，摩擦作用消失，离合器主、从动部分分离，中断动力传递。

3）离合器的接合过程。当需要恢复动力传递时，缓慢抬起离合器踏板，在压紧弹簧压力作用下，压盘向前移动并逐渐压紧从动盘，使接触面的压力逐渐增加，相应的摩擦力矩逐渐增加。当飞轮压盘和从动盘接合还不紧密，产生的摩擦力矩比较小时，主、从动部分可以不同步旋转，即离合器处于打滑状态。随着飞轮、压盘和从动盘压紧程度的逐步加大，离合器主、从动部分转速逐渐趋于相等，直至离合器完全接合而停止打滑。

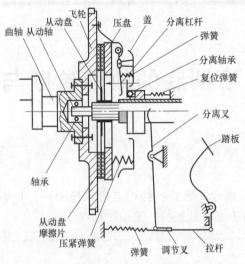

图 2-1　摩擦离合器的基本构造及原理示意图　　　1. 摩擦离合器的基本构造及原理

3.2　离合器打滑的故障原因分析

1）离合器踏板没有自由行程，使分离轴承压在分离杠杆上（应调整）。

2）从动盘摩擦片、压盘或飞轮工作面磨损严重，离合器盖与飞轮的连接松动，使压紧力减弱（应更换、修理）。

3）从动盘摩擦片油污、烧蚀、表面硬化、铆钉外露、表面不平，使摩擦系数下降（应更换）。

4）压力弹簧疲劳或折断，膜片弹簧疲劳或开裂，使压紧力下降（应更换）。

5）离合器操纵杆系卡滞，分离轴承套筒与导管间油污、尘腻严重，甚至造成卡滞，使分离轴承不能回位（应修理）。

6）分离杠杆弯曲变形，出现运动干涉，不能回位（应更换）。

3.3　离合器打滑的故障诊断

1）检查离合器踏板自由行程，如果不符合规定，应予以调整。

2）如果自由行程正常，应拆下变速器壳，检查离合器与飞轮联接螺栓是否松动。如果松动，则予以拧紧。

3）如果离合器仍然打滑，应拆下离合器检查从动盘摩擦片的状况。如果有油污，一般可用汽油清洗并烘干，然后找出油污来源并设法排除。如果摩擦片磨损严重或有铆钉外露，应更换从动盘。

4）如果从动盘完好，则应分解离合器，检查压紧弹簧。如果弹力过软，则应更换。

总结：离合器打滑主要可以从从动盘压不紧、从动盘摩擦系数下降等方面查找原因。

作 业

完成"学习工作页"2.1的测试题。

任务4　离合器分离不彻底的故障诊断与维修

任务接受

客户报修：发动机怠速运转时，踩下离合器踏板，挂档有齿轮撞击声，且难以挂入档位；如果勉强挂上档，则在离合器踏板尚未完全放松时，发动机熄火。

任务准备

4.1　摩擦式离合器的构造与工作原理

1. 摩擦式离合器的分类

因从动盘的数目、压紧弹簧的形式及安装位置以及操纵机构形式的不同，摩擦式离合器总体构造存在差异。

（1）按从动盘的数目分类　可分为单片离合器和双片离合器。

轿车和中型以下货车的发动机的最大转矩一般不是很大，通常采用单片离合器；中型以上货车因传递转矩较大，在摩擦面结构尺寸及摩擦材料性能受限的情况下，采用双片离合器。

（2）按压紧弹簧的形式和布置方式分类　摩擦离合器按压紧弹簧的形式分为螺旋弹簧离合器、膜片弹簧离合器，目前汽车上广泛采用膜片弹簧离合器。螺旋弹簧离合器按弹簧的布置方式分：周布弹簧离合器、中央弹簧离合器。采用若干个螺旋弹簧沿压盘圆周分布的离合器为周布弹簧离合器；中央弹簧离合器是仅有一个或两个较强力的螺旋弹簧，与压盘同心安置在离合器中央的离合器，一般用于重型汽车。

（3）按操纵机构的结构和传力介质不同分类　可分为机械式、液压式、气压式、助力

式等。

2. 周布弹簧离合器

（1）单盘周布弹簧离合器

1）单盘周布弹簧离合器的构造。其特点是螺旋弹簧沿圆周均匀分布。东风 EQ1090E 型汽车的单片离合器即为这类离合器的典型，其构造如图 2-2 所示。离合器的主动部分、从动部分和压紧机构都装在发动机后方的离合器壳内，而操纵机构的各个部分则分别位于离合器壳内部、外部和驾驶室中。

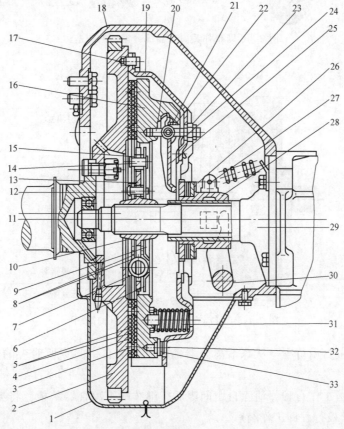

图 2-2　东风 EQ1090E 型汽车的单盘离合器

1—飞轮壳底板　2—飞轮　3—摩擦片铆钉　4—从动盘本体　5—摩擦片　6—减振器盘　7—减振器弹簧
8—减振器阻尼片　9—阻尼片铆钉　10—从动盘毂　11—变速器第一轴（离合器从动轴）　12—阻尼弹簧铆钉
13—减振器阻尼弹簧　14—从动盘铆钉　15—从动盘铆钉隔套　16—压盘　17—离合器盖定位销　18—飞轮盖
19—离合器盖　20—分离杠杆支撑柱　21—摆动支片　22—浮动销　23—分离杠杆调整螺母　24—分离杠杆弹簧
25—分离杠杆　26—分离轴承　27—分离套筒复位弹簧　28—分离套筒　29—变速器第一轴承盖
30—分离叉　31—压紧弹簧　32—传动片铆钉　33—传动片

周布弹簧离合器部分零件的构造如图 2-3 所示。

2）单盘周布弹簧离合器的工作过程如图 2-4 所示。

在分析离合器工作过程之前，首先掌握以下常用名词。

① 自由间隙：离合器接合时，分离轴承前端面与分离杠杆端头之间的间隙。

② 分离间隙：离合器分离后，从动盘前、后端面与飞轮及压盘表面间的间隙。

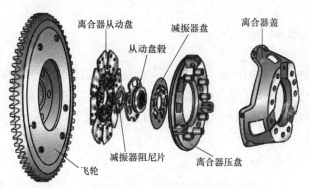

图 2-3　周布弹簧离合器部分零件的构造

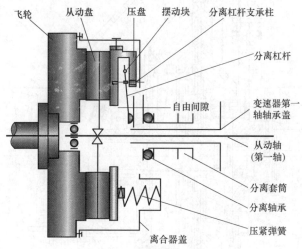

图 2-4　单盘周布弹簧离合器的机构简图

③ 离合器踏板自由行程：从踩下离合器踏板到消除自由间隙所对应的踏板行程即自由行程。

④ 离合器踏板工作行程：消除自由间隙后，继续踩下离合器踏板，将会产生分离间隙，此过程所对应的踏板行程即工作行程。

离合器的工作过程可以分为分离过程和接合过程。

在分离过程中，踩下离合器踏板，在自由行程内首先消除离合器的自由间隙，然后在工作行程内产生分离间隙，离合器分离。

在接合过程中，逐渐松开离合器踏板，压盘在压紧弹簧的作用下向前移动，首先消除分离间隙，并在压盘、从动盘和飞轮工作表面上作用足够的压紧力；之后分离轴承在复位弹簧的作用下向后移动，产生自由间隙，离合器接合。

（2）双盘周布弹簧离合器（图 2-5）

1）中间压盘的驱动方式。双片摩擦离合器的工作原理与单片摩擦离合器的工作原理基本相同，结构上不同的是多了一个中间压盘和一片从动盘。在两片从动盘之间安装了中间压盘，中间压盘的传动可以通过键与飞轮连接，也可以用传动销传力。

2）中间压盘的分离机构。为保证离合器彻底分离，在双片离合器中通常设有中间压盘

的分离机构，有限位螺钉式、扭簧摆杆式等。

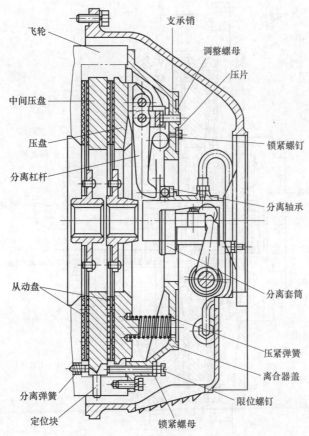

图 2-5　双盘周布弹簧离合器

3）典型双片弹簧离合器的构造特点。有些重型汽车装用中央弹簧离合器。其特点是只有一个张力较强的压紧弹簧布置在离合器的中央。压紧弹簧有螺旋圆柱形和螺旋圆锥形两种。由于锥形弹簧的轴向尺寸小，可缩短离合器的轴向尺寸，因此应用较多。

中央弹簧离合器的压紧弹簧不是直接作用在压盘上，而是通过杠杆作用将弹簧的张力放大数倍后作用在压盘上；另外，中央弹簧离合器的压紧力可以借助调整垫片进行调整。

离合器分离时，通过分离轴承推动弹簧座左移，进一步压缩压紧弹簧，弹簧座带动压紧杠杆内端左移，外端右移，解除对压盘的压紧力，从而使离合器分离。

由压盘分离弹簧和中间压盘限位螺钉限制离合器分离时压盘和中间压盘的相对位置，保证离合器彻底分离。

图 2-6 所示为长征 XD2150 型汽车的双片弹簧离合器。

3. 膜片弹簧离合器

（1）膜片弹簧离合器的构造和工作原理

1）膜片弹簧离合器的构造。目前，汽车上广泛采用膜片弹簧离合器，其采用膜片弹簧作为压紧弹簧。膜片弹簧是用薄弹簧钢板制成的带有一定锥度、中心开有许多均布径向槽的圆锥形弹簧片，是碟形弹簧的一种。膜片弹簧靠中心部分开有 18 个径向切槽，形成多个分离指，而其余未切槽的截锥部分起弹簧作用。膜片弹簧的两侧有钢丝支撑环，末端圆孔穿过

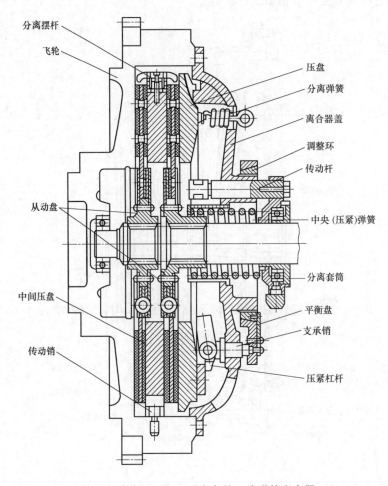

分离摆杆

飞轮

压盘

分离弹簧

离合器盖

调整环

传动杆

从动盘

中央(压紧)弹簧

分离套筒

中间压盘

平衡盘

支承销

传动销

压紧杠杆

图 2-6 长征 XD2150 型汽车的双片弹簧离合器

膜片弹簧固定铆钉而处在两个支撑环之间，借助于膜片弹簧固定铆钉将它们安装在离合器盖上。两个支撑环成为膜片弹簧工作的支点。

图 2-7 所示为北京吉普切诺基汽车膜片弹簧离合器。

2）膜片弹簧离合器的工作原理。当离合器盖 2 未固定到飞轮 1 上时，离合器盖 2 与飞轮 1 之间有一个距离，膜片弹簧 5 不受力而处于自由状态，如图 2-8a 所示。当离合器盖用螺栓固定到飞轮上时，由于离合器盖靠向飞轮，消除距离 l 后，离合器盖通过支承环压膜片弹簧使其产生弹性变形，此时膜片弹簧的外圆周对压盘 3 产生压紧力而使离合器处于接合状态，如图 2-8b 所示。当踩下离合器踏板时，分离轴承 8 被推向前移，使膜片弹簧压在支承环上，并以此为支点产生反向锥形变形，膜片弹簧 5 的外圆周向后翘起，通过分离弹簧钩 4 拉动压盘后移使离合器分离，如图 2-8c 所示。

（2）膜片弹簧离合器的特点

1）由于膜片弹簧的轴向尺寸小、径向尺寸较大，有利于在提高离合器转矩容量的情况下减小离合器的轴向尺寸。

2）无需设置专门的分离杠杆，使结构简化，零件数目减少，质量减小，便于维修维护。

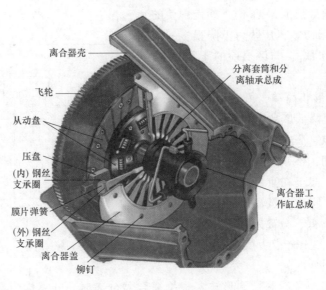

图 2-7   北京吉普切诺基汽车膜片弹簧离合器

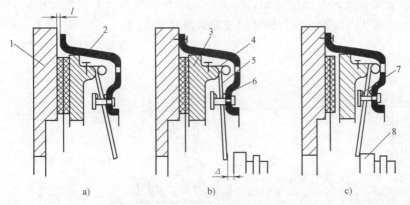

图 2-8   膜片弹簧离合器结构和工作原理图

a）安装前   b）接合状态   c）分离状态

1—飞轮   2—离合器盖   3—压盘   4—分离弹簧钩   5—膜片弹簧

6—后钢丝支承环   7—前钢丝支承环   8—分离轴承

2. 膜片弹簧离合器
结构和工作原理

3）由于膜片弹簧轴向尺寸小，因此可以适当增加压盘的厚度，提高热容量；而且可以在压盘上增加散热肋及在离合器盖上开设较大的通风孔来改善散热条件。

4）膜片弹簧的安装位置对离合器中心线来说是对称的，因此它的压力不受离心力的影响。这一点对高速车辆十分有利。

5）膜片弹簧离合器操纵轻便。这是由膜片弹簧的弹性特性决定的（图 2-9），当离合器处于接合状态时，设两弹簧的压缩变形量和压紧力都相同，都在 A 点工作；当分离离合器时，若两种弹簧的压缩量都增加到 λ_C，此时膜片弹簧的压紧力 F_{C1} 小于螺旋弹簧的压紧力 F_{C2}，同时小于接合状态时的压紧力 F_A。也就是说，膜片弹簧分离时越来越轻，而螺旋弹簧越来越重，膜片弹簧具有操纵轻便的特点。

6）在正常的磨损情况下，膜片弹簧的压紧力可保持基本不变，工作可靠。当摩擦片磨

损变薄使弹簧压缩量减少到 λ_B 时，螺旋弹簧的压紧力由 F_A 下降到 F_{B2}，压紧力下降很多；而膜片弹簧的压紧力 F_{B1}，与磨损前的压紧力 F_A 相当接近。

7）主要部件形状简单，可采用冲压加工，大批量生产时可以降低产品成本。

由于上述优点，膜片弹簧离合器在汽车上得到了广泛的应用，不仅在轿车上采用，而且在轻、中型货车，甚至在重型货车上也得到广泛的应用。但是，膜片弹簧离合器存在制造难度大、分离指刚度低、分离效率低、分离指根易出现应力集中、分离指舌尖易磨损等不足之处。

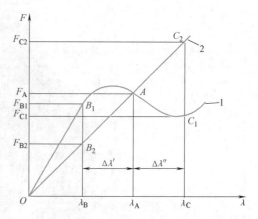

图 2-9　膜片弹簧与圆柱螺旋弹簧的弹性特性曲线
1—膜片弹簧特性　2—圆柱螺旋弹簧特性

（3）膜片弹簧离合器的结构形式　根据离合器分离时，分离指内端的受力方向不同，膜片弹簧离合器可分为推式膜片弹簧离合器和拉式膜片弹簧离合器，如图 2-10 所示。当分离离合器的，分离指内端受力方向指向压盘的，称为推式膜片弹簧离合器；当分离离合器时，分离指内端受力方向离开压盘的，称为拉式膜片弹簧离合器。

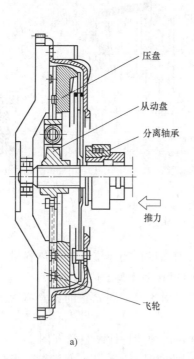
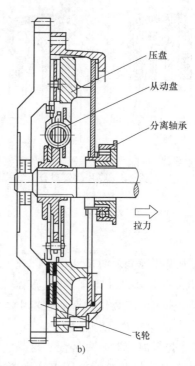

图 2-10　推式膜片弹簧离合器和拉式膜片弹簧离合器
a）推式膜片弹簧离合器　b）拉式膜片弹簧离合器

图 2-11 所示为双支承环式推式膜片弹簧离合器的结构。

1）推式膜片弹簧离合器。推式膜片弹簧离合器按照支承环的数目分为双支承环式、单

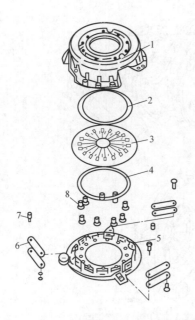
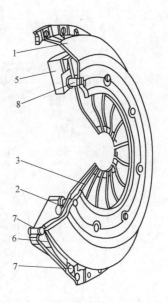

图 2-11　双支承环式推式膜片弹簧离合器的结构

1—离合器盖　2、4—钢丝支承环　3—膜片弹簧　5—压盘　6—传动片　7—铆钉　8—支承铆钉

支承环式和无支承环式 3 种。

① 双支承环式。其特点是膜片弹簧的前、后各有一个支承环，如图 2-12 所示。

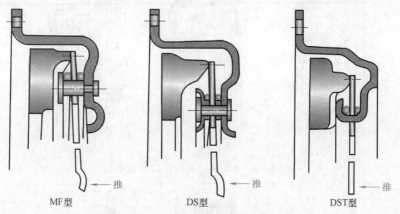

MF型　　　　　　DS型　　　　　　DST型

图 2-12　双支承环式膜片弹簧离合器

图 2-13 所示为桑塔纳轿车双支承环式膜片弹簧离合器。

② 单支承环式（图 2-14）。其特点是只有一个支承环位于膜片弹簧的前端或后端，另一个支承环用离合器盖的凸台或弹性挡环替代。

③ 无支承环式（图 2-15）。其特点是膜片弹簧的前、后都没有支承环。

图 2-16 所示为爱丽舍轿车无支承环式膜片弹簧离合器。

2）拉式膜片弹簧离合器。拉式膜片弹簧离合器有无支承环式（图 2-17）和单支承环式（图 2-18）两种。

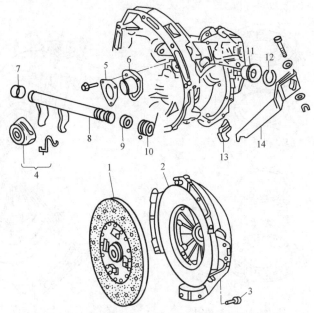

图 2-13　桑塔纳轿车双支承环式膜片弹簧离合器

1—离合器从动盘　2—膜片弹簧与离合器压盘　3—螺栓　4—分离轴承　5—垫圈　6—分离套筒　7—黄铜衬套
8—分离轴　9—橡胶防尘套　10—回位弹簧　11—衬套座　12—卡簧　13—分离钩　14—离合器驱动臂

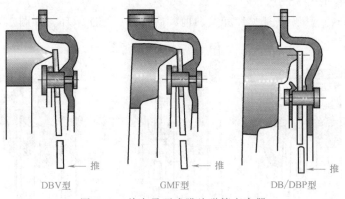

DBV型　　　　　　　　GMF型　　　　　　　　DB/DBP型

图 2-14　单支承环式膜片弹簧离合器

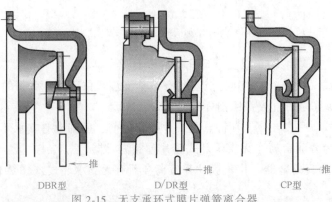

DBR型　　　　　　　　D/DR型　　　　　　　　CP型

图 2-15　无支承环式膜片弹簧离合器

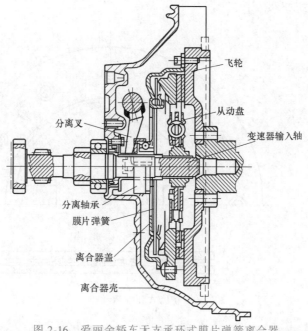

图 2-16　爱丽舍轿车无支承环式膜片弹簧离合器

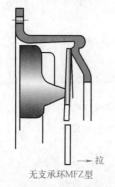

无支承环MFZ型

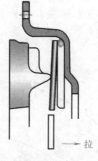

单支承环DT/DTP型

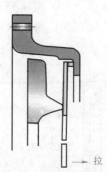

单支承环GMFZ型

图 2-17　无支承环式拉式膜片弹簧离合器　　图 2-18　单支承环式拉式膜片弹簧离合器

4. 从动盘与扭转减振器

（1）从动盘的结构和组成　从动盘主要由从动盘本体、摩擦片和从动盘毂 3 个基本部分组成。图 2-19 所示为桑塔纳轿车分开式弹性从动盘。

从动盘主要有以下几种结构形式。

1）整体式弹性从动盘（图 2-20）。从动盘本体沿径向开槽，则外缘部分被分割成扇形块，扇形块沿周向翘曲形成波浪形。两摩擦片分别与其波峰和波谷部分铆接，在离合器接合时，弯曲的波状扇形部分逐渐被压平，因而使得从动盘在轴向有一定弹性，使接合过程较平顺柔和。

其特点是从动盘本体是完整的钢片并开有 T 形槽，

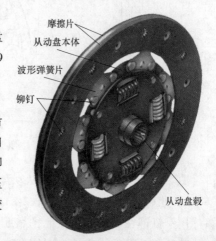

图 2-19　桑塔纳轿车分开式弹性从动盘

23

摩擦片直接铆接在从动盘本体上。

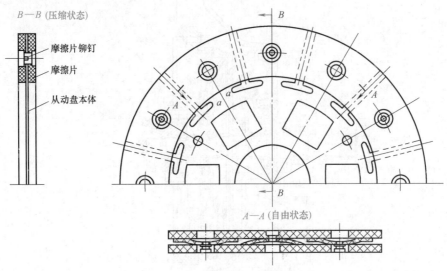

图 2-20　整体式弹性从动盘

2）分开式弹性从动盘（图 2-21）。从动盘本体的直径做得较小，而在其外缘上铆有若干块扇状波形弹簧片。两摩擦片分别与波形弹簧片铆接在一起。波形弹簧片用同一模具单独冲制而成，从而可保证每块扇状波形弹簧片的刚度一致。

其特点是从动盘本体上铆接波形弹簧片，摩擦片铆接在波形弹簧片上。

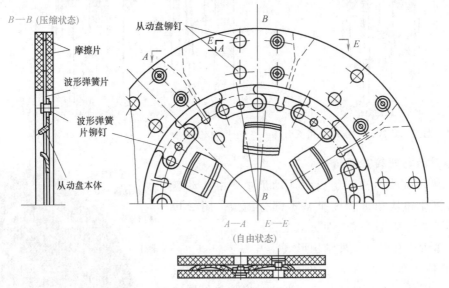

图 2-21　分开式弹性从动盘

图 2-22 所示为分开式弹性从动盘部分零件分解图。

3）组合式弹性从动盘（图 2-23）。在从动盘本体靠近压盘一面上铆有波形弹簧片，摩擦片用铆钉铆在波形弹簧片上，靠近飞轮一边的摩擦片直接铆在从动盘本体上。

其特点是靠近压盘的一面铆有波形弹簧片，靠近飞轮的一面没有。

　　在以上 3 种结构形式中，前两种结构的从动盘常用于轿车，后一种结构则常用在载重汽车上。

　　（2）不带扭转减振器的离合器从动盘（图 2-24）　它由从动盘本体 3、盘毂 5、前后摩擦片 1、6 等组成。从动盘本体直接铆接在盘毂上。为了减小从动盘的转动惯量、加强散热以及防止受热后产生拱曲变形，从动盘本体通常用薄弹簧钢板制成，并在其外缘部分开有径向窄切槽。为了提高接合的柔和性，在从动盘本体 3 与后摩擦片 6 之间加铆波浪形弹性刚片 4（简称波形片），使从动盘具有一定的轴向弹性。为了获得足够的摩擦

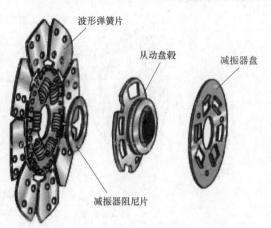

图 2-22　分开式弹性从动盘部分零件分解图

力矩，在从动盘本体（或波形片）上铆接前摩擦片 1 和后摩擦片 6。摩擦片常用石棉合成物制成，具有较大的摩擦系数、良好的耐磨性、耐热性和适当的弹性。

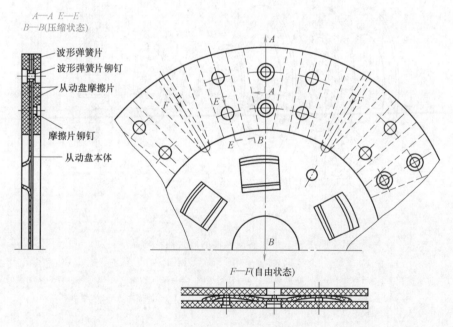

图 2-23　组合式弹性从动盘

　　这种从动盘结构简单、质量较小，多用在双片离合器中。

　　（3）带扭转减振器的从动盘　由于发动机传递到汽车传动系统中的转矩的周期性变化，使得传动系统中产生扭转振动。如果这一振动的频率与传动系统的某一固有频率相等，将发生共振和产生噪声，这对传动系统零件的使用寿命有很大影响。此外，在不分离离合器的情况下进行紧急制动或猛烈接合离合器时，瞬间会给传动系统造成很大的冲击载荷。为了减少共振和冲击载荷，现在大多数汽车在离合器从动盘中安装有扭转减振器。

　　这种从动盘（图 2-25）外缘部分（即铆接摩擦片的部分）的结构、工作原理基本与前

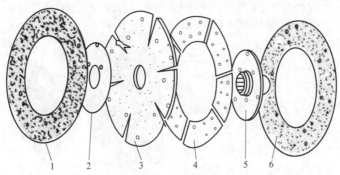

图 2-24　不带扭转减振器的离合器从动盘

1、6—前、后摩擦片　2—压片　3—从动盘本体　4—波形片　5—盘毂

述相同，只有在从动盘本体 13 中心部分附装有扭转减振器，从动盘本体 13 与从动盘毂 7 之间通过减振器传递转矩。

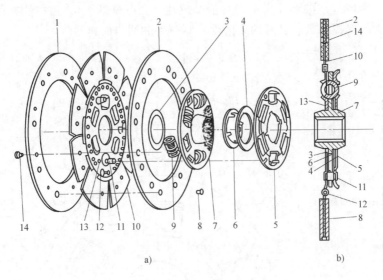

a)　　　　　　　　　　b)

图 2-25　带扭转减振器的离合器从动盘

a）零件分解图　b）装配图

1—前摩擦片　2—后摩擦片　3—摩擦垫圈　4—碟形垫圈　5—减振器盘　6—摩擦板　7—从动盘毂

8、12、14—铆钉　9—减振器弹簧　10—波形片　11—止动销　13—从动盘本体

其动力传递路线如图 2-26 所示。

从动盘不工作时，从动盘本体 13、从动盘毂 7 及减振器盘 5 三者的窗孔是相互重合的。从动盘工作时，由摩擦片传递的转矩首先通过波形片传到从动盘本体和减振器盘上，再经 6 个减振弹簧传给从动盘毂，这是弹簧被压缩，借此缓和冲击。传动系统中的扭转振动将导致从动盘本体及减振器盘与从动盘毂之间的相对往复扭转。装于其间的摩擦垫圈 3 和摩擦板 6 都是阻尼组件，相对往复扭转的结果是使阻尼组件两侧面产生摩擦，从而吸收了扭转振动能量，使振动迅速衰减。弹簧的最大变形量为止动销 11 与从动盘毂 7 上小窗口之间的周向间隙。碟形垫圈 4 能够在阻尼组件磨损后仍保持一定的轴向预紧力。有些汽车离合器从动盘上

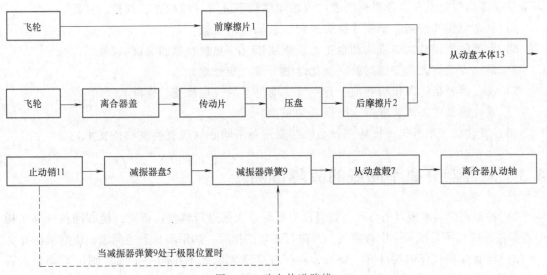

图 2-26　动力传递路线

采用两组或两组以上不同刚度的减振器弹簧，并将装弹簧的窗孔长度做成尺寸不一，使弹簧起作用的时间不一致以获得变刚度特性，从而使其振动频率不断变化，避免了传动系统的共振。另外，少数减振器中采用橡胶弹性组件，可同时起缓冲和减振作用。

如图 2-27 所示，变刚度扭转减振器从动盘的特点是用两组或两组以上刚度不同的减振器弹簧，装在长度尺寸不同的窗口内，利用弹簧先后起作用的方式获得变刚度特性。

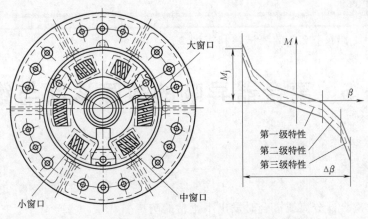

图 2-27　变刚度扭转减振器从动盘的构造及其特性

4.2　离合器分离不彻底的故障原因分析

1）离合器踏板自由行程过大（应调整）。

2）分离杠杆弯曲变形、支座松动、支座轴销脱出，使分离杠杆内端高度难以调整（应修理）。

3）分离杠杆调整不当，其内端不在同一平面内或内端高度太低（应调整）。

4）双片离合器中间压盘限位螺钉调整不当，个别分离弹簧疲劳、高度不足或折断，中间压盘在传动销上或在离合器驱动窗口内轴向移动不灵活（应检查、调整、更换）。

5）从动盘钢片翘曲、摩擦片破裂或铆钉松动（应更换）。

6）新换的摩擦片太厚或从动盘正、反面装错（应更换、重新装配）。

7）从动盘花键孔与变速器第一轴花键轴卡滞（应修理）。

8）离合器液压操纵机构漏油、有空气或油量不足（应检查、排除）。

9）膜片弹簧弹力减弱或指端磨损（应更换）。

10）发动机支承磨损或损坏，发动机与变速器不同心（应更换发动机支承）。

4.3 离合器分离不彻底的故障诊断

1）检查离合器踏板自由行程，如果自由行程过大则进行调整；否则，检查液压操纵机构是否储液罐油量不足或管路中有空气，并进行必要的排除。如果不是上述问题，应继续检查。

2）检查分离杠杆内端高度，如果分离杠杆高度太低或不在同一平面，则进行调整；否则，检查从动盘是否装反。如果都没问题，则继续检查。

3）检查从动盘是否翘曲变形、铆钉脱落，从动盘是否轴向运动卡滞等，如果是，则进行更换或修理。

总结：离合器分离不彻底主要可以从离合器踏板自由行程、分离杠杆高度、从动盘等几个方面查找原因。

作 业

完成"学习工作页"2.2的测试题和实训2。

任务5　离合器异响的故障诊断与维修

任务接受

客户报修：离合器分离或接合时发出不正常的响声。

任务准备

5.1 离合器操纵机构的构造与工作原理

离合器操纵机构是驾驶人借以使离合器分离和接合的一套机构。它起始于离合器踏板，终止于分离杠杆。

按照分离离合器的操纵能源不同，操纵机构分为人力式和助力式两类。人力式按所用传

动媒介不同分机械式和液压式两种。

1. 机械式操纵机构

机械式操纵机构有杆式传动和绳索式传动两种。

（1）杆式传动操纵机构 它由一组杆系组成（图2-28），当踩下离合器踏板1时，通过拉臂3拉动拉杆4和分离叉臂6，使离合器分离轴承移动，离合器分离。其特点是结构简单、工作可靠、成本低，广泛应用于各种类型的汽车上。但是，杆件间铰接多，摩擦损失大，且工作好坏受车身或车架变形的影响较大。在平头车、发动机后置的汽车等离合器需要远距离操纵时，合理布置杆系比较困难。

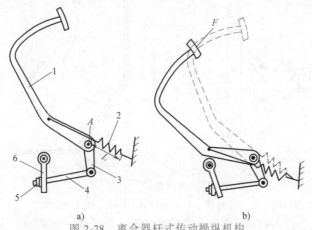

图2-28 离合器杆式传动操纵机构
a）接合状态时 b）分离状态时

3. 离合器杆式传动操纵机构

1—离合器踏板 2—助力弹簧 3—拉臂 4—拉杆 5—调整螺母 6—分离叉臂
A—铰接中心 L—助力弹簧中心与A点之间的距离

（2）绳索式传动操纵机构 它通过操纵绳索拉动分离叉传动臂，使分离叉转动，从而使分离轴承移动进行离合。它消除了杆系传动的一些缺点，且可采用便于驾驶人操纵的吊挂式踏板。它结构简单、价格便宜、维修调整方便，但绳索使用寿命较短，拉伸刚度较小，故只实用于轻型、微型汽车和某些轿车上。例如桑塔纳、捷达轿车的离合器采用的就是这种操纵机构，如图2-29所示。

2. 液压式操纵机构

液压式操纵机构以油液作为传力介质。它主要由离合器主缸、离合器工作缸以及管路系统组成。由于液压式操纵机构摩擦阻力小、质量小、布置方便、接合柔和，并不受车架或车身变形的影响，故应用日益广泛。例如桑塔纳2000GSi型、一汽红旗CA7220型、奥迪100型等汽车都采用这种操纵机构。

离合器液压式操纵机构如图2-30所示，它一般由离合器踏板8、储液罐4、进油软管5、离合器主缸10、离合器工作缸3、油管总成9、分离叉2、分离轴承11等组成。储液罐有两个出油孔，用来把制动液分别供给制动总泵和离合器液压操纵系统。

离合器主缸的结构如图2-31所示。主缸体借补偿孔A、进油孔B通过进油软管与储液罐相通。主缸体内装有活塞，活塞中部较细，且为"十"字形断面，使活塞右方的离合器主缸内腔形成油室。活塞两端装有皮碗。活塞左端中部装有止回阀，经小孔与活塞右方主缸

内腔的油室相通。当离合器踏板处于初始位置时，活塞左端皮碗位于补偿孔 A 与进油孔 B 之间，两孔均开放。

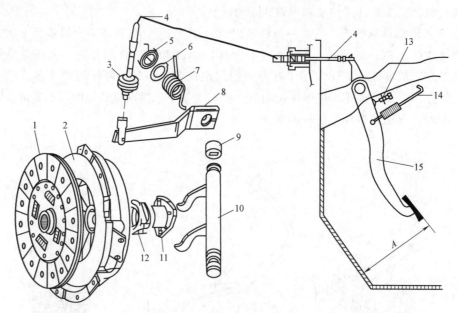

图 2-29　离合器杆式操纵机构

1—从动盘　2—离合器盖总成　3—调整螺母　4—操纵绳索　5—轴承衬套及防尘罩

6—卡环　7—复位弹簧　8—分离叉传动臂　9—黄铜衬套　10—分离叉　11—分离套筒

12—分离轴承　13—高度调节螺钉　14—回位弹簧　15—离合器踏板　A—踏板高度

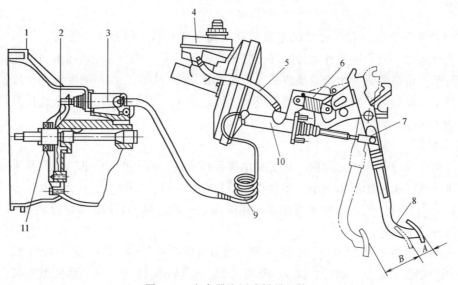

4. 离合器液压式
操纵系统

图 2-30　离合器液压式操纵机构

1—变速器壳体　2—分离叉　3—离合器工作缸　4—储液罐　5—进油软管　6—回位弹簧

7—推杆接头　8—离合器踏板　9—油管总成　10—离合器主缸　11—分离轴承

A—踏板自由行程　B—踏板有效行程

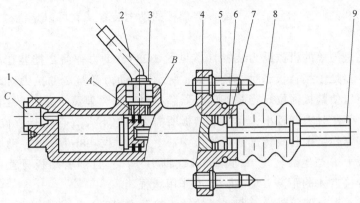

图 2-31　离合器主缸的结构

1—壳体　2—管接头　3—皮碗　4—阀芯　5—固定螺栓　6—卡簧　7—挡圈

8—护套　9—推杆　A—补偿孔　B—进油孔　C—出油口

离合器工作缸的结构如图 2-32 所示。工作缸内装有活塞、皮碗、推杆等，缸体上还设有放气螺塞。当管路内有空气存在而影响离合器操纵时，可拧松放气螺塞放气。

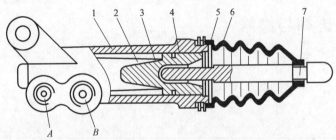

图 2-32　离合器工作缸的结构

1—壳体　2—活塞　3—管接头　4—皮碗　5—挡圈　6—护套　7—推杆　A—放气孔　B—进油孔

踩下离合器踏板时，通过离合器主缸推杆使活塞向左移动，止回阀关闭。当皮碗将补偿孔 A（图 2-31）关闭后，管路中油液受压，压力升高。在油压作用下，工作缸活塞被推向右移，工作缸推杆顶头直接推动分离板，从而带动分离轴承，使离合器分离。桑塔纳 2000GSi 型汽车离合器工作缸活塞直径为 22.2mm，主缸活塞直径为 19.05mm。由于前者略大于后者，故液压系统稍有增力作用，以补偿液流通道的压力损失。

通过调节主缸推杆接头 7（参见图 2-30）在踏板臂上的连接位置，可以调节推杆 9（参见图 2-31）在缸内的位置即关闭补偿孔 A 的时刻，从而调整了踏板的自由行程。

当迅速放松离合器踏板时，踏板回位弹簧通过主缸推杆使主缸活塞较快右移，由于油液在管路中流动有一定阻力，流动较慢，使活塞左面可能形成一定的真空度。在左、右压力差的作用下，少量油液通过进油孔经过主缸活塞的止回阀流到左面弥补真空。在原先已由离合器主缸压到离合器工作缸去的油液重新流回到离合器主缸时，由于已有少量补偿油液经止回阀流入，故总油量过多。这多余的油液即从补偿孔 A 流回储液罐。当液压系统中因漏油或因温度变化引起油液的体积变化时，借补偿孔 A 适时地使整个油路中油量得到适当的增减，以保证正常油压和液压系统工作的可靠性。

3. 踏板助力装置

为了减小所需的离合器踏板力，又不致因传动装置的传动比过大而加大踏板行程，在一

些中、重型货车和某些轿车上采用了离合器踏板的助力装置。它可以是机械助力的，也可以是气压助力的。

弹簧助力是最简单的机械助力装置（参见图 2-28），助力弹簧 2 挂装在离合器踏板 1 与车架之间。离合器处于接合状态时（图 2-28a 所示），助力弹簧 2 的拉力对踏板产生一个顺时针方向的转矩以使踏板回位。当踩下离合器踏板时，助力弹簧拉力所产生的转矩成为踏板的阻力矩，但由于此时力臂较小，且踩下踏板所需力矩也不大（自由行程位置），所以踏板并不沉重。只有当弹簧中心线转过踏板铰接中心 A 时（图 2-28b 所示），助力弹簧拉力产生的转矩才与踏板力 F 产生的转矩方向相同，起助力作用；且随着踏板行程的增大，助力弹簧中心到踏板铰接点 A 的距离 L 增大，助力作用增强。

放松踏板时，离合器压紧弹簧所产生的转矩较助力弹簧产生的转矩大，离合器踏板仍能逐渐抬高，当助力弹簧中心转回到踏板铰接点 A 的上方时，即可使踏板回位。

采用助力弹簧一般只能降低踏板力的 20% ~ 30%，且主要在踏板后段行程时助力作用表现较为明显。

弹簧助力装置一般用于轻型汽车和轿车上。重型车常采用气压助力式操纵机构。

5.2　离合器拆卸与检修

（1）离合器总成

1）离合器总成的拆装如图 2-33 和图 2-34 所示。

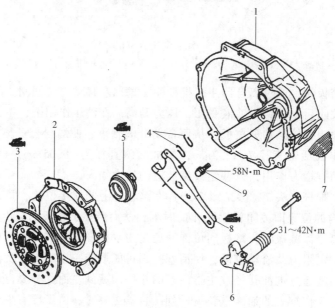

图 2-33　离合器总成（用于 V5MT1）

1—变速器总成　2—离合器盖总成　3—离合器盘　4—复位夹
5—离合器释放轴承　6—释放缸　7—防尘罩　8—释放叉　9—支轴

2）离合器弹簧销的拆装。离合器弹簧销的拆装采用专用工具，把弹簧销从离合器轴臂中敲出。安装时，用专用工具敲入弹簧销。

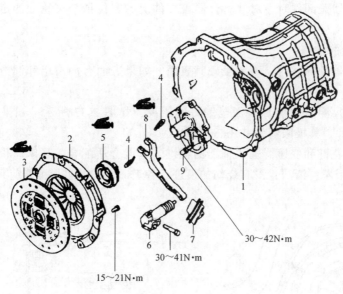

30～42N·m

30～41N·m

15～21N·m

图 2-34　离合器总成（除 V5MT1 外）

1—变速器总成　2—离合器盖总成　3—离合器盘　4—复位夹
5—离合器释放轴承　6—释放缸　7—防尘罩　8—释放叉　9—支轴

3）释放叉的拆卸（图 2-35）。沿箭头方向滑动释放叉，使支轴从回位夹分开。注意若沿其他方向滑动释放叉，会损伤回位夹。在图 2-35 所示箭头处加润滑脂 0101011（除变速器 V5MT1 外），加润滑脂 MOKLYKOTEBR-2PLUS（仅用于 V5MT1）。若其轴承接触表面发生不正常磨损，应更换释放叉。

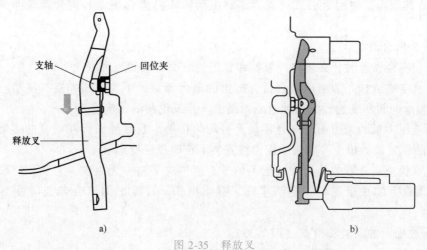

支轴　　回位夹

释放叉

a)　　　　　　　　　　b)

图 2-35　释放叉

a）拆卸　b）涂润滑脂部位

4）离合器盖总成的拆卸（图 2-36）。

① 将专用工具或变速器的主驱动齿轮插入中央花键，以防止离合器盘掉下。按图 2-36 所示对角方向逐渐拧松飞轮上离合器盖的固定螺栓，每次拧出螺栓 1~2 圈，依次逐渐拧出以防离合器盖法兰弯曲变形。注意不要用清洗溶液清洗离合器盘或释放轴承。

② 安装离合器盖部件时，对准离合器盖部件上的定位销与飞轮上的定位销，然后交替逐渐拧紧各螺栓。

5）离合器盘的检修。

① 拆装离合器盘部件时，不要触碰其表面。如果表面有润滑脂和润滑油痕迹，应更换离合器盘。

② 用游标卡尺测量摩擦片表面至铆钉的距离，如图 2-37 所示。如果测量值小于极限值，应更换摩擦片，其极限值为 0.3mm。

③ 检查轮毂花键和变速器输入轴上的花键，应能合适配合，且未严重磨损。离合盘部件的金属部分应干燥、清洁，没有烧伤的痕迹，各表面之间的拱形弹簧应无断裂，所有铆钉应无松动。

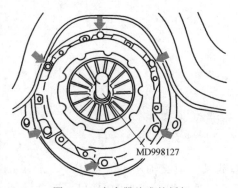

图 2-36 离合器总成的拆卸

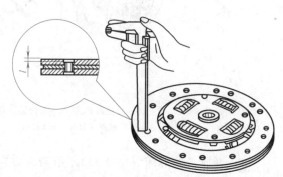

图 2-37 测量摩擦片表面至铆钉的距离

6）离合器盖的安装（图 2-38）。若离合器表面和压力板上有润滑油和润滑脂，则应用干的抹布将其擦净。使用专用工具或变速器主动齿轮将离合器盘和离合器盖部件安装到飞轮上。

7）安装离合器盘。

① 安装离合器盘时，必须将厂家打印标记的一面安装到压力板上。

② 用真空刷或抹布清洁从离合器壳拆出的离合器盘，不要用压缩空气清洁。检查发动机的后主轴承油封和变速器的前油封是否漏油。若发现漏油，应修理。

③ 检查压力板的摩擦面与离合器盘是否均匀接触。若摩擦面存在明显的接触痕迹，而在其 180° 的位置接触很少，则表示压力板安装不正确或已变形。

④ 直观检查离合器盖外周安装法兰的平直度，应平整，无裂纹、毛刺、凹痕或其他伤痕。检查飞轮上的 3 个定位销是否牢固、有无损伤。有标记的离合器盖应能与定位销相配合。

8）释放轴承的润滑和检查（图 2-39）。

① 对于 V5MT1 的润滑脂为 MOKLYKOTEBR-2PLUS，其他型号的用润滑脂 0101011。注意释放轴承的垫片上涂有油，因此不要在清洁剂内或类似液中清洁。

② 检查轴承是否卡住、损坏、发出噪声或回转不规则，检查膜片弹簧接触处是否磨损。如果释放叉接触表面发生不正常的磨损，应更换轴承。

9）液压离合器油位的检查。离合器油储液箱位于发动机室的后侧，储液箱上有"MAX"和"MIN"两个标记，离合器油位应在两标记之间。若油位低于"MIN"，应加入

新制动液直到"MAX"。必须使用规定的 DOT3 或 DOT4 制动液，尽量避免混用不同牌号的油。

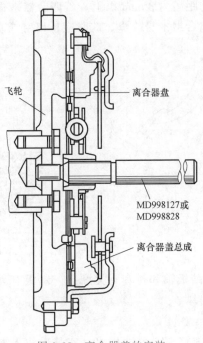

图 2-38　离合器盖的安装

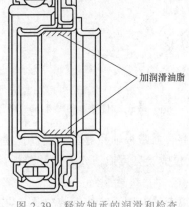

图 2-39　释放轴承的润滑和检查

（2）离合器踏板

1）离合器踏板的拆装可参考图 2-40 进行。安装离合器踏板后应调整离合器踏板自由行程。

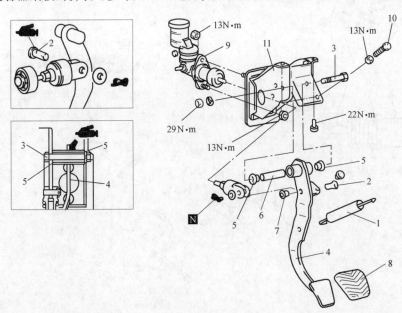

图 2-40　离合器踏板

1—复位弹簧　2—U 形销　3—踏板轴　4—离合器踏板　5—轴衬　6—衬套　7—衬垫
8—踏板　9—离合器主缸连接　10—止动螺钉　11—离合器踏板托架

2）离合器踏板自由行程的检查。测量离合器踏板自由行程（包括离合器踏板 U 形夹销的间隙 1~3mm）如图 2-41 所示。离合器踏板高度为 185.5~190.5mm，离合器踏板自由行程为 6~13mm，离合器踩下时踏板与搁脚板之间的距离为 35mm 以上。若离合器踏板的自由行程不符合规定，则可能是液压系统内有空气或离合器本身故障，此时应排出空气或分解和检查离合器。

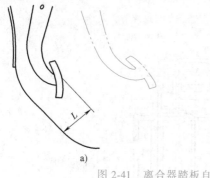

a)   b)

图 2-41　离合器踏板自由行程的检查

a）踏板与搁脚板间的距离　b）离合器踏板自由行程

5. 离合器踏板自由
行程的检查

3）离合器踏板轴和衬套的检查。检查离合器踏板轴和衬套有无磨损、踏板有无弯曲或扭曲、复位弹簧有无损伤或劣化及踏板衬垫有无损坏。

（3）离合器控制系统

1）离合器控制系统的拆装（图 2-42）。拆卸前将离合器油排出，安装后注入离合器油并对系统放气。

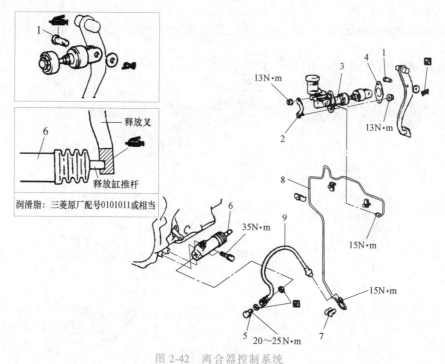

图 2-42　离合器控制系统

1—U 形销　2—板　3—离合器主缸　4—密封器　5—螺栓　6—离合器释放缸
7—软管夹　8—离合器管　9—离合器软管

2）离合器管道的检修（图 2-43）。卸下制动助力器，固定住离合器软管侧的螺母，拧松离合器软管的连接螺母，检查主缸或离合器软管是否漏油、离合器软管或管有无断裂或阻塞。

（4）离合器主缸

1）离合器主缸的拆装（图 2-44）。拆卸活塞部件，注意切勿损坏主缸部件和活塞部件，切勿分解活塞部件。

2）离合器主缸的检查。检查主缸体内侧有无生锈或伤痕、活塞帽有无磨损或变形、活塞有无生锈或伤痕及离合器的接头是否堵塞。

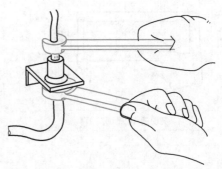

图 2-43　离合器管道的检修

（5）离合器释放筒

1）离合器释放筒的拆装如图 2-45 所示。

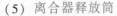

活塞维修套件

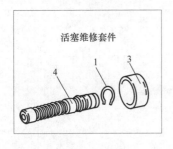

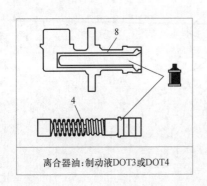

离合器油：制动液DOT3或DOT4

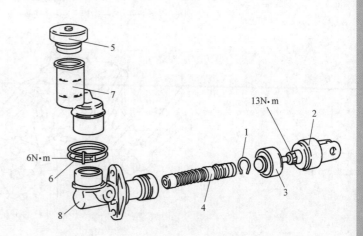

图 2-44　离合器主缸

1—活塞制动环　2—减振器和推杆　3—防护套　4—活塞部件
5—储存箱帽　6—储存箱箍带　7—储存箱　8—主缸体

2）活塞和活塞帽的分解如图 2-46 所示。

用压缩空气从释放筒上拆下活塞，注意用抹布包住，以免活塞弹出，要慢慢吹入压缩空气，以防制动液流出。

3）离合器释放筒的检查。检查释放筒的内表面是否有划痕或不正常的磨损，如果活塞帽外圆已被划伤或发生疲劳损伤，应更换。

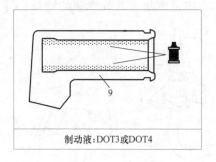

制动液:DOT3或DOT4

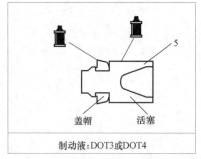

盖帽　　　活塞

制动液:DOT3或DOT4

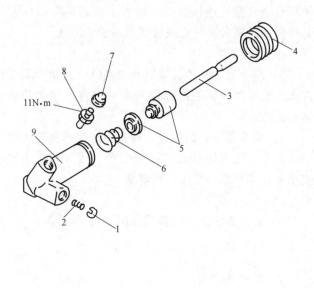

图 2-45　离合器释放筒的拆装

1—阀板　2—弹簧　3—推杆　4—防护套　5—活塞和活塞帽

6—锥形弹簧　7—盖帽　8—放气塞　9—释放筒

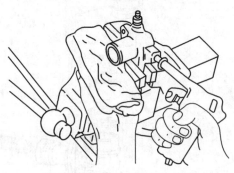

图 2-46　活塞和活塞帽的分解

5.3　离合器异响的故障原因分析

1）分离轴承缺少润滑剂，造成干磨或轴承损坏（应修理、更换）。

2）分离轴承与分离杠杆内端之间无间隙（应调整）。

3）分离轴承套筒与导管之间油污、尘腻严重或分离轴承回位弹簧与踏板回位弹簧疲劳、折断、脱落，使分离轴承回位不佳（应修理、更换）。

4）从动盘花键孔与其花键轴配合松旷（应更换）。

5）从动盘减振弹簧退火、疲劳或折断（应更换）。

6）从动盘摩擦片铆钉松动或铆钉头外露（应更换）。

7）双片离合器传动销与中间压盘和压盘的销孔磨损松旷（应更换）。

5.4　离合器异响的故障排除

1）稍稍踩下离合器踏板，使分离轴承与分离杠杆接触，如果有"沙沙"的响声则为分离轴承响；如果加油后仍响，说明轴承磨损过度、松旷或损坏，应更换。

2）踩下、抬起离合器踏板，如果出现间断的碰撞声，说明分离轴承前后有串动，应更换分离轴承回位弹簧。

3）连踩踏板，如果离合器刚接合或刚分开时有响声，说明从动盘铆钉松动或外露，应更换从动盘。

总结：离合器异响主要可以从磨损过度、松旷、过紧、运动中刮碰等方面查找原因。

作　业

完成"学习工作页"2.3 的测试题。

项目3　手动变速器的故障诊断与维修

任务6　手动变速器异响的故障诊断与维修

任务接受

客户报修：汽车出现发动机怠速运转，变速器处于空档位置有异响，踏下离合器踏板时响声消失；变速器挂入档位后发响；当汽车以40kM/h以上车速行驶时，发出一种不正常声响，且车速越大声响越大，而当滑行或低速时响声减小或消失的故障。

任务准备

6.1　变速器的构造与工作原理

1. 变速器的功用

（1）实现变速变矩　变速器可以改变传动比，扩大驱动轮转矩和转速的变化范围，以适应汽车在各种行驶条件下所需的牵引力和合适的行驶速度，并使发动机能够经常在功率较高而油耗较低的有利工况下工作。因此，变速器中应具有合理的档数和合适的传动比。

（2）实现倒车　现在的往复活塞式内燃机，其旋转方向都是不变的（面对曲轴前端看，为顺时针旋转），为了使汽车能倒向行驶，变速器中设有倒档。

（3）实现中断动力传递　在发动机起动、怠速运转、变速器换档和进行动力输出时，都要中断发动机至传动系统的动力传递，故变速器中设有空档。

2. 变速器的类型

变速器可以按照传动比或操纵方式来分类。

（1）按传动比变化方式分类 变速器按传动比变化方式分为有级式、无级式和综合式3种。

1）有级式变速器。它采用齿轮传动，有多个可选择的固定传动比。轿车和轻、中型货车变速器多采用3~5个前进档和一个倒档（一个档位对应一个传动比）。重型汽车上的变速器档位较多，有的还装有副变速器。齿轮式变速器具有结构简单、易于制造、工作可靠和传动效率高等优点，其应用最为广泛。

2）无级式变速器。其传动比在一定数值范围内可连续无限多级变化，常见的无级式变速器有电力式和液力式两种。电力式无级变速器的变速传动部件为直流串励电动机（无轨电车、超重型自卸车）。液力式无级变速器的变速传动部件是液力变矩器。

3）综合式变速器。综合式变速器是由液力变矩器和行星齿轮式变速器组成的液力机械式变速器。其传动比可在最大值和最小值之间的几个间断范围内作无级变化，目前应用较多。

（2）按变速器操纵机构分类 变速器按操纵机构分为强制操纵式（手动变速器）、自动操纵式（自动变速器）和半自动操纵式（半自动变速器）3种。

1）手动变速器。由驾驶人直接操纵变速杆来选定档位，并拨动变速器换档装置变换档位。

2）自动变速器。在某一传动范围内（一般是在前进档），由变速器的自动控制系统根据发动机的负荷和车速的变化自动选定档位并变换档位，即自动地改变传动比。驾驶人只需要操纵加速踏板便可控制车速。

3. 普通齿轮式变速器的工作原理

（1）变速原理 图3-1a所示为齿轮传动机构的变速原理图，图3-1b所示为传动简图。Ⅰ是主动轴（动力输入轴），Ⅱ是从动轴（动力输出轴）。设主动齿轮1的齿数为z_1，转速为n_1，转矩为M_1，逆时针方向转动；从动齿轮2的齿数为z_2，转速为n_2，转矩为M_2。

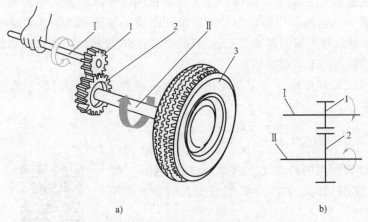

图3-1 齿轮传动机构的变速原理

a）齿轮传动机构的变速原理图 b）传动简图

Ⅰ—主动轴 Ⅱ—从动轴 1—主动齿轮 2—从动齿轮 3—车轮

6. 齿轮传动机构的变速原理

齿轮传动机构的传动比i可以用主动齿轮的转速n_1与从动齿轮转速n_2之比表示，也可

以用从动齿轮齿数 z_2 与主动齿轮齿数 z_1 之比表示，还可以用从动齿轮轴的转矩 M_2 与主动齿轮轴的转矩 M_1 之比表示。其关系式为：

$$i_{12}=\frac{n_1}{n_2}=\frac{z_2}{z_1}=\frac{M_2}{M_1}$$

（2）换档原理　图 3-2 所示为三轴式变速器的换档原理。动力由轴 I 传递给齿轮 1，再由齿轮 1 传递给齿轮 2；由于齿轮 2、3 同在轴Ⅲ上，它们以相同转速转动，然后由齿轮 3 传递给齿轮 4，最后由轴Ⅱ输出。此时，传动比为 $i=z_2/z_1\times z_4/z_3$。如果用换档装置将齿轮 4 与齿轮 3 脱开，并将其向右拉动，使与齿轮 4 一体的齿轮 6 与齿轮 5 啮合，传动比变为 $i=z_2/z_1\times z_6/z_5$，输出轴Ⅱ的转速、转矩将发生变化，即改变档位。

当齿轮 4 和齿轮 6 不与中间轴上的齿轮 3 和 5 中的任何一个啮合时，动力不能传到输出轴，此时就是变速器的空档。

（3）变向原理　由齿轮传动原理可知，一对相啮合的外齿轮旋向相反，每经过一个传动副，轴改变一次旋向。汽车的倒档就是增加了一根倒档轴，如图 3-3 所示。

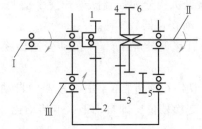

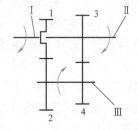

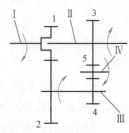

7. 齿轮传动
的换档原理
（三轴两级）

图 3-2　齿轮传动的换档原理（三轴两级）
I—主动轴　Ⅱ—从动轴　Ⅲ—中间轴
1、2、3、4、5、6—传动齿轮

图 3-3　齿轮传动的变向原理
I—主动轴　Ⅱ—从动轴　Ⅲ—中间轴　Ⅳ—倒档轴
1、2、3、4、5—传动齿轮

4. 普通齿轮变速器的变速传动机构

普通齿轮变速器（手动变速器）由变速器壳体、变速传动机构、变速操纵机构和换档装置等组成，按工作轴的数量（不包括倒档轴）可分为三轴式手动变速器和两轴式手动变速器。变速器壳体是变速器其他部件的安装基础；变速传动机构用来改变传动比、转矩和旋转方向；变速操纵机构和换档装置用来实现换档。

（1）三轴式手动变速器　三轴式齿轮传动主要应用于发动机前置、后轮驱动的汽车变速器上。其传动比按下式计算：

$$i_{14}=i_{12}\times i_{34}=\frac{n_1}{n_2}\times\frac{n_3}{n_4}=\frac{z_2}{z_1}\times\frac{z_4}{z_3}$$

通过两级齿轮传动可以得到较大的传动比。例如，解放 CA1091 型货车六档变速器，EQ1141G、EQ1128G、EQ1090E 型货车五档变速器等均采用两级齿轮传动。

（2）三轴式五档变速器　图 3-4 所示为东风 EQ1141G 型汽车的 TMH421 型五档变速器。

图 3-5 所示为东风 EQ1141G 型汽车变速器的传动示意图，图示为变速器的空档位置。

8. 三轴式手动
变速器传动机构
的结构和工作原理

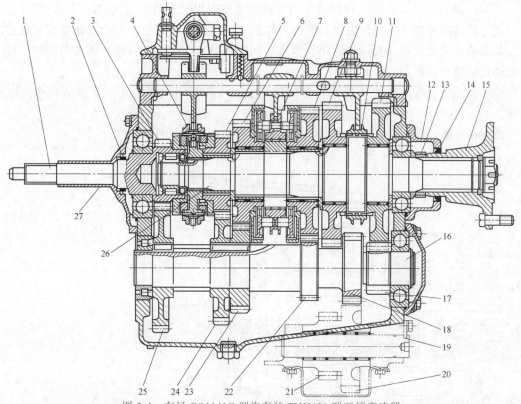

图 3-4 东风 EQ1141G 型汽车的 TMH421 型五档变速器

1—第一轴 2—第一轴油封 3—第一轴常啮合齿轮 4—4/5 档锁环式同步器 5—第二轴 4 档齿轮
6—第二轴 3 档齿轮 7—2/3 档锁销式同步器 8—第二轴 2 档齿轮 9—第二轴倒档齿轮 10—1/倒档接合套
11—第二轴 1 档齿轮 12—第二轴后轴承盖 13—速度表蜗杆 14—油封 15—第二轴凸缘 16—中间轴
17—中间轴 1 档齿轮 18—中间轴倒档齿轮 19—倒档轴 20、21—倒档中间双联齿轮 22—中间轴 2 档齿轮
23—中间轴 3 档齿轮 24—中间轴 4 档齿轮 25—中间轴常啮合传动齿轮 26—第二轴 27—轴承盖

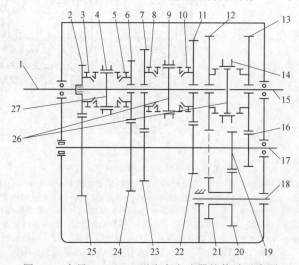

图 3-5 东风 EQ1141G 型汽车变速器的传动示意图

1—第一轴（输入轴） 2—第一轴常啮合传动齿轮 3—第一轴齿轮接合齿圈 4、9、14—接合套 5—4 档齿轮接合齿圈
6—第二轴 4 档齿轮 7—第二轴 3 档齿轮 8—3 档齿轮接合齿圈 10—2 档齿轮接合齿圈 11—第二轴 2 档齿轮
12—第二轴倒档齿轮 13—第二轴 1 档齿轮 15—第二轴（输出轴） 16—中间轴一档齿轮 17—中间轴
18—倒档轴 19—中间轴倒档齿轮 20—倒档大齿轮 21—倒档小齿轮 22—中间轴 2 档齿轮
23—中间轴 3 档齿轮 24—中间轴 4 档齿轮 25—中间轴常啮合传动齿轮 26、27—花键毂

（2）两轴式手动变速器 两轴式手动变速器主要应用于发动机前置前轮驱动的汽车上。

在发动机前置前轮驱动和发动机后置后轮驱动中、轻型轿车上，由于总体结构布置的需求，采用两轴式变速器，其结构简单、紧凑。例如，捷达、红旗、富康、桑塔纳等轿车均采用两轴式手动变速器。

前置发动机有纵向布置和横向布置两种类型，与其配用的两轴式变速器结构形式也有差异。

图3-6所示为雪铁龙毕加索轿车BE4两轴式五档变速器示意图。

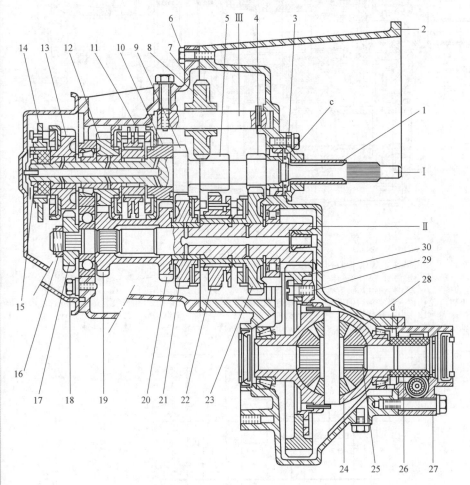

图3-6 雪铁龙毕加索轿车BE4两轴式五档变速器示意图

1—导向套 2—离合器壳体 3—导向块 4—1档主动齿轮 5—倒档主动齿轮 6—离合器壳体螺栓
7—变速器壳体 8—倒档齿轮 9—2档主动齿轮 10—3档主动齿轮 11—3、4档同步器
12—4档主动齿轮 13—5档主动齿轮 14—5档同步器 15—第一轴螺母 16—第二轴螺母
17—5档从动齿轮 18—卡环定位螺栓 19—4档从动齿轮 20—3档从动齿轮 21—2档从动齿轮
22—1、2档同步器和倒档从动齿轮 23—1档从动齿轮 24—差速器壳体 25—半轴齿轮
26—里程表主动齿轮 27—里程表从动齿轮 28—行星齿轮 29—主减速器齿轮螺栓
30—主减速器主动齿轮 c、d—调节垫片

9. 两轴式手动
变速器传动
机构的结构
和工作原理

变速器的输入轴 I 通过离合器与横向布置的发动机曲轴相连，两端通过圆锥滚子轴承支承在变速器壳体上。1、倒、2档主动齿轮4、5、9分别与输入轴 I 固连；3、4、5档主动齿

轮 10、12、13 分别通过滚针轴承空套在输入轴Ⅰ上；变速器输出轴Ⅱ左端通过球轴承、右端通过圆柱滚子轴承支承在变速器壳体上。1、2 档从动齿轮 23、21 分别通过滚针轴承空套在输出轴Ⅱ上，3、4 和 5 档从动齿轮 20、19、17 与输出 轴Ⅱ固连；在输入轴、输出轴一侧装有倒档轴Ⅲ，倒档轴固定在壳体上，轴上滑套着一个倒档齿轮 8。3、4 档同步器 11、5 档同步器 14 分别通过花键与输入轴Ⅰ相连；1、2 档同步器 22 通过花键与输出轴Ⅱ相连，其上有与倒档齿轮 8 啮合的齿轮。同步器均为锁环式。各前进档主、从动齿轮均处于常啮合状态。

图 3-7 所示是该变速器的传动示意图。换档时，只要拨动拨叉使接合套轴向移动即可脱档或换档。

当同步器 14 的接合套向右或向左移动到与相应的接合齿圈相接合时，便得到 1 档或 2 档；向右或向左移动同步器 6 的接合套时，则挂上 3 档或 4 档；向右移动同步器 9 的接合套，则挂上 5 档。各档传动比是：

$$i_1 = \frac{z_{15}}{z_1}, \quad i_2 = \frac{z_{13}}{z_4}, \quad i_3 = \frac{z_{12}}{z_5}, \quad i_4 = \frac{z_{11}}{z_7}, \quad i_5 = \frac{z_{10}}{z_8}$$

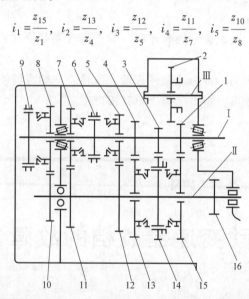

图 3-7　雪铁龙毕加索轿车 BE4 两轴式五档变速器传动示意图
1—1 档主动齿轮　2—倒档齿轮　3—倒档主动齿轮　4—2 档主动齿轮　5—3 档主动齿轮　6—3、4 档同步器
7—4 档主动齿轮　8—5 档主动齿轮　9—5 档同步器　10—5 档从动齿轮　11—4 档从动齿轮　12—3 档从动齿轮
13—2 档从动齿轮　14—1、2 档同步器和倒档从动齿轮　15—1 档从动齿轮　16—主减速器主动齿轮

6.2　手动变速器异响的故障原因分析

1. 空档发响的故障原因分析

1）变速器与发动机安装时，曲轴与变速器第一轴中心线不同心，或变速器壳体变形。

2）第二轴前轴承磨损、污垢、起毛。

3）变速器常啮合齿轮磨损，齿侧间隙过大，或个别齿轮牙齿破裂。

4）常啮合齿轮未成对更换，啮合不良。

5）轴承松旷、损坏，齿轮啮合轴间间隙过大。

6）拨叉与接合套间隙过大。

2. 挂档后发响的故障原因分析

1）轴弯曲变形，轴的花键与滑动齿轮毂配合松旷。

2）齿轮啮合不当，或轴承松旷。

3）操纵机构各连接处松动，变速叉变形。

4）主、从动锥齿轮配合间隙过大。

6.3 手动变速器异响的故障诊断

1. 空档发响的故障诊断

空档发响主要是由于轴承磨损松旷和齿轮间不正造成的。

2. 挂档后发响的故障诊断

变速器产生响声是由齿轮或轴的振动及其声源开始，然后扩散到变速器壳体产生共振而形成的。其诊断步骤如下：

1）发动机怠速运转，变速器空档有异响，踩下离合器踏板后声响消失，多为常啮合齿轮啮合不良。

2）变速器各档均有声响，多为基础件、轴、齿轮、花键磨损使形位误差超限。

3）挂入某档，声响严重，则是该档齿轮磨损严重。

作　业

完成"学习工作页"3.1的测试题。

任务7　手动变速器跳档的故障诊断与维修

任务接受

客户报修：汽车行驶中，变速杆自动跳回空档位置（一般多在中、高速负荷时突然变化或汽车剧烈振动时发生）。

任务准备

7.1 同步器与变速器操纵机构的构造与工作原理

1. 无同步器的换档过程

变速器的换档方式有直齿滑动齿轮换档、接合套换档和同步器换档。采用直齿滑动齿轮和接合套换档时，必须等到将要啮合的一对齿轮的轮齿（或接合套与接合齿圈上相应的内、

外花键齿）的圆周速度相等（同步），才能平顺地进入啮合而挂上档。否则，如果没有达到同步就强制换档，将使两齿轮发出冲击和噪声，影响齿轮的使用寿命，严重时甚至会折断轮齿。

图 3-8 所示为无同步器五档变速器的结构简图。下面以此图分析这 4、5 档的换档过程。

（1）低速档换高速档（4 档换 5 档）　变速器在 4 档工作时，接合套 3 与第二轴 4 档齿轮 4 的接合齿圈啮合，两者圆周速度相等 $v_3 = v_4$。欲从 4 档换入 5 档，驾驶人应踩下离合器，断开发动机与变速器的联系，再通过变速操纵机构将接合套 3 左移，先使变速器处于空档位置。

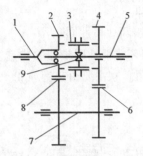

图 3-8　无同步器五档变速器的结构简图

1—第一轴　2—第一轴常啮合齿轮　3—接合套
4—第二轴 4 档齿轮　5—第二轴　6—中间轴 4 档齿轮
7—中间轴　8—中间轴常啮合齿轮　9—花键毂

当接合套 3 刚与第二轴 4 档齿轮 4 脱离接合的瞬间，仍然是 $v_3 = v_4$，而第二轴 4 档齿轮 4 的转速低于第一轴常啮合齿轮 2 的转速，圆周速度 $v_4 < v_2$，所以，此时有 $v_3 < v_2$。为避免齿轮冲击，不应立即换入 5 档，要在空档停留片刻，等到 $v_3 = v_2$ 时挂档。

空档时，第一轴常啮合齿轮 2 只与中间轴及其齿轮、第一轴和离合器从动盘相联系，惯性质量小，再加上中间轴齿轮有搅油阻力，所以 v_2 下降较快；接合套 3 因与整个汽车联系在一起，惯性质量很大，所以 v_3 下降较慢。这样，在变速器推入空档后的某个时刻必然会有 $v_3 = v_2$（同步点）的情况出现。此时将接合套 3 左移与第一轴常啮合齿轮 2 上的接合齿圈啮合就可以挂入 5 档，不会产生冲击。

但是，自然减速出现同步的时刻太晚，使换档过程延长。为此，实际换档操作过程中，应在摘下 4 档后，立即抬起离合器踏板，利用发动机怠速迫使第一轴更快地减速，使 v_2 快速下降，同步点尽快出现，缩短了换档时间。

（2）高速档换低速档（五档换四档）　同理，变速器在 5 档工作以及由 5 档换入空档的瞬间，接合套 3 与第一轴常啮合齿轮 2 接合齿圈圆周速度相等，即 $v_3 = v_2$。因 $v_2 > v_4$，则 $v_3 > v_4$，所以此时不能挂入 4 档。但在空档时 v_4 下降得比 v_3 快，不会出现 $v_3 = v_4$（同步点）的情况。为此，应将 v_4 增速。使 v_4 能与 v_3 相等其做法是驾驶人在变速器由高速档退入空档时抬起离合器踏板，使离合器重新接合，同时踩一下加速踏板，使发动机连同离合器从动盘、第一轴以及第二轴 4 档齿轮 4 等加速到 $v_4 > v_3$，然后踏下离合器踏板稍等片刻，等 $v_4 = v_3$（同步点）时即可挂入低速档。由此可见，要使无同步器变速器换档时不产生齿轮冲击，需采取较复杂的操作，既增加了驾驶人的劳动强度，又容易加速齿轮的损坏。因此，变速器上广泛应用了同步器换档装置。

2. 同步器的构造及其工作原理

同步器的功用是使接合套与待啮合的齿圈迅速同步，并阻止二者在同步前进入啮合，从而消除换档时的冲击，缩短换档时间，简化换档过程，使换档操作简捷轻便，并延长变速器的使用寿命。

同步器有多种结构形式，目前汽车上广泛采用摩擦惯性式同步器。它是依靠摩擦作用实现同步的。结构上除有接合套、花键毂、对应齿轮上的接合齿圈外，还增设了使接合套与对

应齿圈的圆周速度迅速达到同步的机构，以及阻止两者在达到同步之前接合以防止冲击的机构。

根据惯性式同步器中所采用的锁止机构不同，常用的有锁环式惯性同步器和锁销式惯性同步器两种。

（1）锁环式惯性同步器

1）锁环式惯性同步器的构造。图 3-9a 所示为锁环式惯性同步器分解图，图 3-9b 所示是其装配图。它主要由花键毂 4、接合套 5、锁环（同步环）1 和 6、滑块 2 以及弹簧圈 3 等组成。

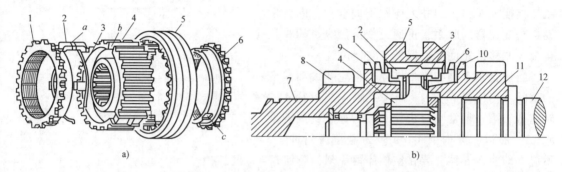

图 3-9　锁环式惯性同步器零件

a）锁环式惯性同步器分解图　b）锁环式惯性同步器装配图

1、6—同步环　2—滑块　3—弹簧圈　4—花键毂　5—接合套　7—第一轴

8—第一轴齿轮　9、10—接合齿圈　11—3 档齿轮　12—第二轴

a—滑块中部凸起　b—花键毂轴向槽　c—同步环缺口

2）锁环式惯性同步器的工作过程。图 3-10 所示为锁环式惯性同步器的工作过程示意图（变速器由 3 档换入 4 档（直接档）。下面以此图为例来说明锁环式惯性同步器的工作过程。

空档位置：当接合套 3 刚从 3 档退到空档时（图 3-10a），与第一轴齿轮 4 制成一体的接合齿圈 5、接合套 3 和同步环 1 都在其自身及其所联系的一系列运动件的惯性作用下，继续沿原方向转动。设它们的转速分别是 n_9、n_5、n_1，则此时 $n_1 = n_5$，$n_9 > n_5$，即 $n_9 > n_1$。接合套 3 及滑块 2 都处于中间位置，并由弹簧圈定位；同步环 1 在轴向是自由的，它的内锥面与接合齿圈 5 的外锥面不接触，如图 3-10a 中两条虚线所示。

10. 同步器的构造与工作原理

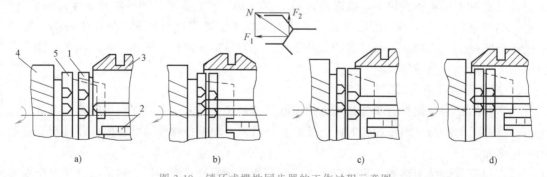

图 3-10　锁环式惯性同步器的工作过程示意图

1—锁环　2—滑块　3—接合套　4—第一轴齿轮　5—接合齿圈

摩擦力矩的形成与锁止过程：若要挂入直接档，驾驶人通过操纵机构拨动接合套3并带动滑块2一同向左移动。当滑块左端面与锁环1的缺口的内端面接触时，便同时推动锁环移向接合齿圈5，两者（$n_9 > n_1$）一经接触便产生摩擦力矩；接合齿圈5便通过摩擦力矩的作用带动锁环相对于接合套3及花键毂超前一个角度；当锁环缺口的一个侧面与滑块接触时，锁环便与接合套同步转动。由于滑块未位于缺口中央，接合套花键齿相对于锁环花键齿错开了约半个齿厚，使接合套的齿端倒角与锁环上相应的齿端倒角恰好互相抵住而不能向左移动进入接合，如图3-10b所示。

可以看出，此时如果要使接合套的花键齿圈与同步环的花键齿圈进入啮合，必须使锁环相对于接合套向后倒转一个角度。如图3-10的齿端局部放大图所示，由于在接合套与锁环齿端倒角相抵触时，驾驶人始终对接合套施加一个轴向推力，该轴向推力使接合套的齿端倒角面与锁环的齿端倒角面之间产生正压力N，力N可分解为轴向力F_1和切向力F_2。

F_2形成一个试图拨动锁环相对于接合套反转的力矩，称为拨环力矩M_2。F_1使锁环1和接合齿圈5的锥面进一步压紧，产生摩擦力矩M_1，该力矩使两者转速迅速接近。由于锁环通过接合套、花键毂、第二轴与整个汽车相联系，转动惯量大，锁环的转速n_1下降慢。而接合齿圈5与离合器从动部分相联系，转动惯量小，n_9下降得快。因为接合齿圈5是减速转动，则产生一个与转动方向相同的惯性力矩M_j。此惯性力矩通过摩擦锥面以摩擦力矩的方式传到锁环上，阻碍锁环相对于接合套反向转动。在接合齿圈5与锁环1未达到同步之前，摩擦锥面的摩擦力矩在数值上等于惯性力矩（$M_1 = M_j$）。

可见，在待接合齿圈与锁环未达到同步之前，锁环上作用着两个方向相反的力矩：F_2产生的拨环力矩M_2和惯性力矩M_j（摩擦力矩M_1）。如果$M_2 > M_1$，锁环即可相对于接合套向后倒转一个角度，以便二者进入啮合；如果$M_2 < M_1$，锁环则不能倒转，而通过其齿端锁止角阻止接合套进入啮合，这就是锁环的锁止作用。由于锁环的锁止作用是接合齿圈5及其相联系零件的惯性力矩形成的，因此称为惯性同步器。

对于一定的轴向推力，拨环力矩M_2的大小取决于锁环与接合套齿端倒角（锁止角）的大小，而惯性力矩M_j的大小则取决于摩擦锥面的锥角大小。实际上在设计同步器时，都经过适当地选择齿端倒角和摩擦面锥角，保证在达到同步之前始终保持$M_2 > M_1$，驾驶人轴向作用力的加大只能加快同步的速度，缩短换档的时间。

同步啮合：随着驾驶人施加于接合套上的推力加大，摩擦力矩不断增加，使接合齿圈5的转速迅速降低。当与锁环1、接合套3达到同步时，作用在锁环上的惯性力矩消失。但是，由于轴向分力F_1的作用，两个摩擦锥面以静摩擦方式接合在一起。因而此时切向力F_2形成的拨环力矩M_2便使锁环1、接合齿圈5及与之相连的各零件一起相对于接合套向后倒转一个角度，滑块2处于锁环缺口的中央，两花键齿不再抵触，此时接合套3压下弹簧圈继续左移，而与同步环的花键齿进入啮合，同步环的锁止作用消失，如图3-10c所示。

接合套与同步环接合后，轴向分力F_1已不存在，锥面之间的摩擦力矩也消失。此时如果接合套花键齿与接合齿圈花键齿发生抵触，如图3-10c所示，则与上述相似，靠接合齿圈5花键齿端斜面上切向分力，使接合齿圈5及与之相连各零件一起相对于接合套向后倒转一个角度，使接合套3与接合齿圈5进入啮合，如图3-10d所示，最后完成了换入直接档的全过程。若由直接档换入3档，上述过程也适用，所不同的是，第一轴齿轮4及上面的接合齿圈5被加速到与锁环1、接合套3同步，接合套进入啮合换入3档。锁环式惯性同步器结构

紧凑，但径向尺寸小、锥面间摩擦力矩较小，所以多用于传递转矩不大的轿车和轻型货车的变速器。

（2）锁销式惯性同步器

1）锁销式惯性同步器的构造。图3-11所示为锁销式惯性同步器的结构。它主要由花键毂9、接合套5、摩擦锥环3、摩擦锥盘2、锁销8、定位销4、钢球10、弹簧11等组成。

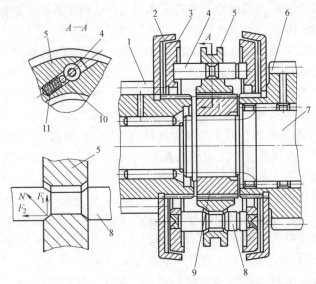

图 3-11　锁销式惯性同步器的结构

1—第一轴齿轮　2—摩擦锥盘　3—摩擦锥环　4—定位销　5—接合套
6—第二轴5档齿轮　7—第二轴　8—锁销　9—花键毂　10—钢球　11—弹簧

2）锁销式惯性同步器的工作过程。在空档位置时，摩擦锥环3与摩擦锥盘2之间有一定间隙，定位销4可随接合套轴向移动。由4档换入5档时，接合套5受到拨叉的轴向推力作用，通过钢球10和定位销4带动摩擦锥环3左移，使之与对应的摩擦锥盘接触。因摩擦锥环与锥盘有转速差，接触后的摩擦作用使锥环和锁销相对于接合套转过一个角度，锁销8轴线与接合套上相应孔的轴线偏移，于是锁销中部倒角与销孔端的倒角互相抵触，以阻止接合套继续前移。此时锁止面上的法向压紧力 N 的轴向分力 F_1 作用在摩擦锥环上并使之与锥盘压紧，使接合套与待啮合的齿圈迅速达到同步。达到同步时，起锁止作用的第一轴齿轮1的惯性力矩消失，作用在锁销上的切向力 F_2 产生的拨销力矩通过锁销使摩擦锥环3、摩擦锥盘2和第一轴齿轮1相对于接合套转过一个角度，锁销与接合套的相应孔对中，接合套克服弹簧11的弹力压下钢球而沿锁销移动，直到与第一轴齿轮1的接合齿圈啮合，顺利挂上5档。

锁销式惯性同步器在结构上允许采用直径较大的摩擦锥面，摩擦锥面间可产生较大的摩擦力矩，缩短了同步时间，多用在中型和重型汽车上。

3. 手动变速器操纵机构的功用

对于手动变速器，换档操作均是由驾驶人拨动变速杆再通过一套操纵机构来完成的。手动变速器操纵机构应保证驾驶人能准确可靠地使变速器挂入所需要的档位工作，并可随时使之退到空档。

手动变速器操纵机构的功用是进行档位变换，即根据汽车行驶条件的需要改变变速器传

动机构的传动比、变换传动方向或中断发动机的动力传递。

4. 手动变速器操纵机构的类型

手动变速操纵机构根据变速杆距离变速器的远近分为直接操纵式、半直接操纵式和远距离操纵式 3 种类型。

1）直接操纵式。如图 3-12 所示，直接操纵式变速器操纵机构的变速杆及所有换档操纵装置都设置在变速器盖上。变速器布置在驾驶人座位的近旁，变速杆由驾驶室底板伸出，驾驶人可直接操纵变速杆来拨动换档装置换档。直接操纵式变速操纵机构结构简单，变速操纵手感好，但易受发动机振动的影响，一般应用于发动机前置、后轮驱动的汽车上。

2）半直接操纵式。在一些轿车上，为了使变速杆的位置靠近驾驶人，在拨叉轴的后部伸出端增设杆件与变速器连接，形成半直接操纵形式，如图 3-13 所示。

3）远距离操纵式。有些汽车上，变速器的安装位置离驾驶人侧座位较远，需要在变速杆与拨叉之间加装一些辅助杠杆或一套传动机构，构成远距离操纵机构。

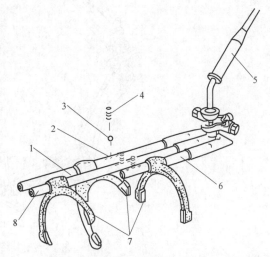

图 3-12　直接操纵式

1—1/2 档拨叉轴　2—凹槽　3—钢球
4—弹簧　5—变速杆　6—5/倒档拨叉轴
7—拨叉　8—3/4 档拨叉轴

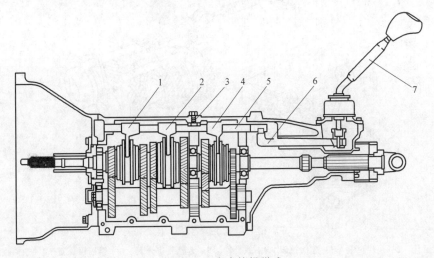

图 3-13　半直接操纵式

1—3/4 档拨叉　2—1/2 档拨叉　3—自锁装置　4—5/倒档拨叉轴　5—拨叉轴　6—变速连动杆　7—变速杆

远距离操纵机构分为变速杆布置在转向盘旁边（图 3-14）和变速杆布置在驾驶人侧座椅旁边的地板上（图 3-15）两种类型。

远距离操纵应具有足够的刚性，且各连接件间隙不能过大，否则换档时手感不明显。

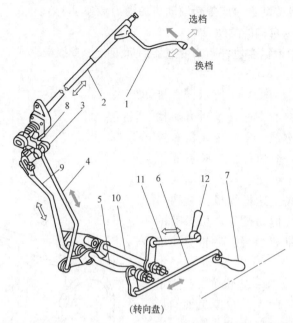

图 3-14 丰田克罗拉轿车变速器远距离操纵

1—变速杆 2—控制轴 3、8—换档摆杆 4、6、9、11—换档连杆 5、10—换档横轴 7、12—外换档杆

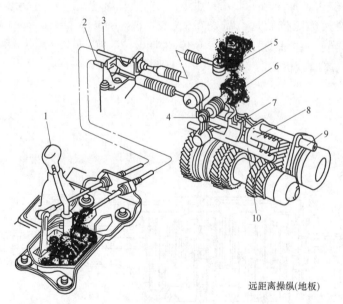

远距离操纵(地板)

图 3-15 本田阿科德轿车 H2J4 型变速器

1—变速杆 2—换档拉索 3—选档拉索 4—换档臂 5—选档复位弹簧 6—倒档锁装置 7—换档拨块
8—3、4 档拨叉轴 9—5 倒档拨叉轴 10—1、2 档拨叉轴

5. 变速器操纵机构的构造

变速操纵机构通常由换档拨叉机构和定位锁止装置两部分组成。

(1) 换档拨叉机构 图 3-16 所示为解放 CA1091 型汽车六档变速器直接操纵机构,由变速杆、拨叉、拨叉轴及安全装置等组成。

（2）定位锁止装置　为了保证变速器能够准确、安全、可靠地工作，变速器操纵机构必须具有自锁、互锁和倒档锁装置。

1）自锁装置。自锁装置能够对各档拨叉轴进行轴向定位锁止，防止其自动产生轴向移动而造成自动挂档和自动脱档，并保证各档传动齿轮（接合齿圈）以全齿长啮合。

如图3-17所示，多数变速器自锁装置由自锁钢球1和自锁弹簧2组成。

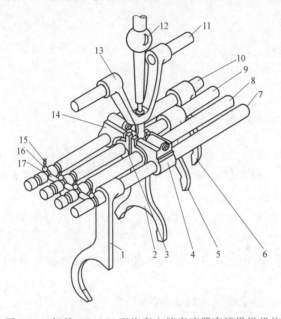

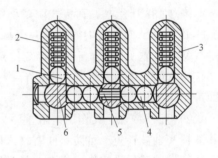

11. 变速器自锁装置工作原理

图3-16　解放CA1091型汽车六档变速器直接操纵机构

1—倒档拨叉　2—3/4档拨叉　3—1/2档拨块
4—倒档拨块　5—1/2档拨叉　6—5/6档拨叉
7—倒档拨叉轴　8—3/4档拨叉轴　9—1/2档拨叉轴　10—5/6档拨叉轴
11—换档轴　12—变速杆　13—叉形拨杆　14—5/6档拨块
15—自锁弹簧　16—自锁钢球　17—互锁柱销

图3-17　变速器自锁装置

1—自锁钢球　2—自锁弹簧
3—变速器盖　4—互锁钢球
5—互锁销　6—拨叉轴

自锁钢球被自锁弹簧压入拨叉轴的相应凹槽内，起到锁止档位的作用，防止自动换档和自动脱档。

换档时驾驶人通过变速杆对拨叉轴施加一定的轴向力，该力克服弹簧的压力而将自锁钢球从拨叉轴凹槽中挤出并推回孔中，拨叉轴滑过钢球进行轴向移动，并带动拨叉及相应的接合套（或滑动齿轮）轴向移动。当拨叉轴移至其另一凹槽与钢球对正时，钢球压入该凹槽中，此时拨叉带动的接合套（或滑动齿轮）被拨入空档或另一档位。

有的汽车上还采取了一些防止自动跳档（接合套与齿圈脱离啮合）的措施，常见的结构有齿端倒斜面式和减薄齿式。

图3-18a所示为齿端倒斜面式防跳档结构示意图。接合套外齿2的两端及接合齿圈1、4的齿端都制有相同斜度的倒斜面。当接合套左移与接合齿圈1接合时（图示位置），接合齿圈将转矩传到接合套的一侧，再经接合套的另一侧传给花键毂3。由于接合齿圈1与接合套外齿2齿端是斜面接触，便产生一个垂直斜面的正压力 F_N，其分力分别为 F_F 和 F_Q，轴向分力 F_Q 即可用来防止自动跳档。

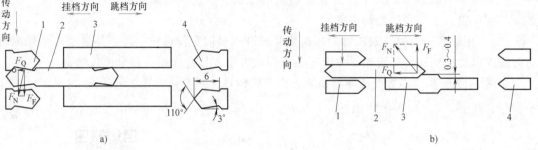

图 3-18　齿轮的防自动跳档结构

a）齿端倒斜面结构　b）减薄齿结构

1、4—接合齿圈　2—接合套外齿　3—花键毂

F_F—圆周力　F_N—齿面上正压力　F_Q—防止跳档的轴向力

图 3-18b 所示是减薄齿式防跳档结构示意图。它是将花键毂 3 的外齿圈两端齿厚各减薄 0.3~0.4mm，使各齿中部形成一个凸台。当同步器的接合套外齿 2 左移与接合齿圈 1 接合时（图示位置），接合齿圈将转矩传到接合套的一侧，再经接合套的另一侧传给花键毂。由于接合套的后端被花键毂中部凸台挡住，在接合面上便产生一个正压力 F_N，其轴向分力 F_Q 即可用来防止自动跳档。

2）互锁装置。其作用是阻止两个拨叉轴同时移动，即当拨动一根拨叉轴轴向移动时，其他拨叉轴被锁止，可防止同时挂入两个档。

互锁装置的结构形式很多，最常用的有锁球式、锁销式和钳口式。

① 锁球式互锁装置：图 3-19 所示的互锁装置为锁球和锁销式。它由互锁钢球 4 和互锁销 6 组成。每根拨叉轴朝向互锁钢球的侧表面上都制有一个深度相等的凹槽，中间拨叉轴上两个凹槽之间有孔相通，孔中有一根可以移动的互锁销 6，销的长度等于拨叉轴的直径减去一个凹槽的深度。变速器在空档时，所有拨叉轴的侧面凹槽与钢球、互锁销都在一条直线上。两个互锁钢球的直径之和正好等于相邻两轴之间的距离加上一个凹槽的深度。

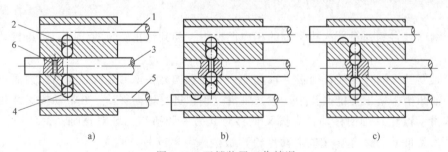

图 3-19　互锁装置工作情况

1、3、5—拨叉轴　2、4—互锁钢球　6—互锁销

当移动拨叉轴 3 时（图 3-19a），其两侧的内钢球从侧凹槽中被挤出，而两侧的互锁钢球 2、4 分别嵌入拨叉轴 1、5 的侧面凹槽中，将拨叉轴 1、5 锁止在空档位置。同样，要移动拨叉轴 5，应先将拨叉轴 3 退回到空档位置（图 3-19b），拨叉轴 5 移动时互锁钢球 4 从凹槽挤出，通过互锁销 6 推动另一侧两个钢球移动，拨叉轴 1、3 都被锁止在空档位置上。移动拨叉轴 1 时（图 3-19c），拨叉轴 3、5 被锁止在空档位置。

② 锁销式互锁装置：图 3-20 所示三档变速器的操纵机构有两根拨叉轴，自锁和互锁合二为一。两个空心锁销 1 内装有自锁弹簧 2，在图示位置（空档）时，两锁销内端面的距离 a 等于槽深 b，不可能同时拨动两根拨叉轴（互锁）。自锁弹簧 2 的预压力和锁销对拨叉轴起自锁作用。

③ 钳口式互锁装置：图 3-21 所示为转动钳口式互锁装置。钳形板 3 用销轴 4 固定在变速器盖内，钳形板可以绕销轴转动，变速操纵杆 1 下端的头部位于钳形板的钳口中，3 个换档拨块 2 分别固定在 3 根拨叉轴上。当变速杆头部进入某一换档拨块的凹槽内时，钳形板的一个钳爪或两个钳爪将挡住其余换档拨块的凹槽，使之不能移动而起互锁作用。

12. 自锁装置和互锁装置工作过程

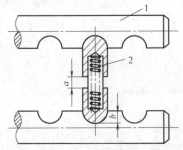

图 3-20　同时起自锁和互锁作用的装置

1—锁销　2—自锁弹簧

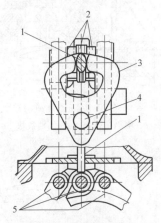

图 3-21　转动钳口式互锁装置

1—变速操纵杆　2—换档拨块
3—钳形板　4—销轴　5—拨叉

3）倒档锁。其作用是提醒驾驶人，防止误挂倒档，提高安全性。即挂倒档时，驾驶人必须进行与挂前进档不同的操纵方式或对变速杆施加较大的力，才能挂入倒档。倒档锁有多种类型，常用的是弹簧锁销式。

图 3-22 所示为 EQ1090E 型汽车五档变速器中常用的弹簧锁销式倒档锁。它由 1 档、倒档拨块中的倒档锁销 1 及倒档锁弹簧 2 组成。驾驶人选 1 档或倒档时，必须有意识地用较大的力向侧面摆动变速杆（图示向左），使其下端球头右移压缩倒档锁弹簧 2，将倒档锁销 1 推向右方，变速杆下端才能进入倒档拨块 3 的凹槽内，以拨动 1 档、倒档轴 5 而挂入 1 档或倒档。

6. 副变速器的操纵机构

为了改善重型货车组合式变速器的操纵轻便性，副变速器多用预选气动换档，常见的有机械-气动和电控-气动两种方式。

（1）预选机械-气动控制　如图 3-23 所示，预选开关位于驾驶人侧座位右侧，驾驶人拉出手柄为高速档。

采用这种预选装置时，只有在踩下离合器时才能使副变速器换档，保证换档前分离离合器，以减小副变速器输入端零件的转动惯量，便于换档。

（2）电控-气动控制　图 3-24 所示为操纵机构由低速档换入高速档的情况。

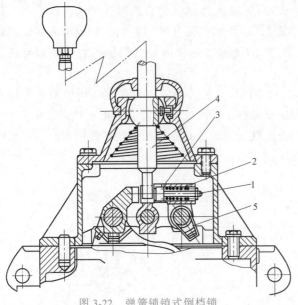

图 3-22　弹簧锁销式倒档锁

1—倒档锁销　2—倒档锁弹簧　3—倒档拨块　4—变速杆　5—1档、倒档轴

13. 倒档警报装置
工作过程

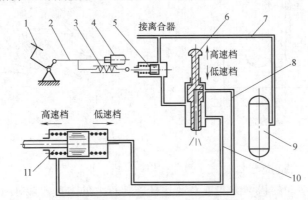

图 3-23　机械-气动式副变速器操纵机构

1—离合器踏板　2—拉杆　3—弹簧　4—离合器操纵助力气缸
5—控制阀　6—预选开关　7、8、10—气管　9—储气筒　11—换档气缸

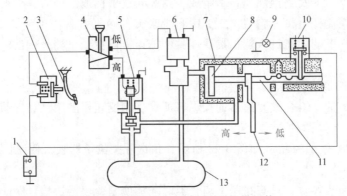

图 3-24　电控-气动式副变速器操纵机构

1—蓄电池　2—换档动作开关　3—离合器踏板　4—预选开关　5—高速档电磁阀　6—低速档电磁阀　7—操纵缸
8—活塞　9—指示灯　10—指示灯开关　11—拨叉轴　12—拨叉　13—储气筒

有的副变速器还装有速度限制器，即车速较高时自动切断通往低速档电磁阀6的电流，使副变速器不能换入低速档。

7.2　手动变速器跳档的故障原因分析

1）变速器齿轮或齿套磨损过量，沿齿长方向磨成锥形。

2）变速叉轴凹槽及定位球磨损，以及定位弹簧过软或折断，使自锁装置失效。

3）变速器轴、轴承磨损松旷或轴向间隙过大，使轴转动时齿轮啮合不足而发生跳动和轴向窜动。

4）操纵机构变形、松旷，使齿轮在齿长位置啮合不足。

7.3　手动变速器跳档的故障诊断

1）发现某档跳档时，仍将变速杆挂入该档，然后拆下变速器盖察看齿轮啮合情况，如果啮合良好，应检查换档机构。

2）用手推动变速杆，如果无阻力或阻力很小，说明自锁装置失效，应检查自锁钢球和变速叉轴上的凹槽是否磨损严重，自锁钢球弹簧是否过软、折断，如是，则应更换。

3）如果齿轮未完全啮合，应检查拨叉是否磨损或变形，如果弯曲，应校正。

4）如果换档机构良好，应检查齿轮是否磨成锥形，轴承是否松旷，必要时应拆下修理或更换。

完成"学习工作页"3.2的测试题。

任务8　手动变速器挂档困难的故障诊断与维修

任务接受

客户报修：挂档时，不能顺利挂入档位，常有齿轮撞击声。

任务准备

8.1　分动器与操纵机构的构造

1. 分动器的功用

分动器用于多轴驱动的越野汽车。其输入轴直接或通过万向传动装置与变速器第二轴相连，其输出轴有多个，分别经万向传动装置与各驱动桥相连。其功用为：

1）将变速器输出的动力分配给各驱动桥。

2）当分动器有两个档位时兼起副变速器的作用。

2. 分动器的构造

分动器由齿轮传动机构和操纵机构两部分组成。

（1）齿轮传动机构　分动器的齿轮传动机构由齿轮、轴和壳体组成，有的还装有同步器。

1）两轴式分动器。两个输出轴式分动器用于前、后桥都为驱动桥的轻型越野汽车，其齿轮传动机构常采用普通齿轮式和行星齿轮式两种。

图 3-25 所示为普通齿轮式两轴分动器。图 3-26 所示为行星齿轮式两轴分动器传动示意图。

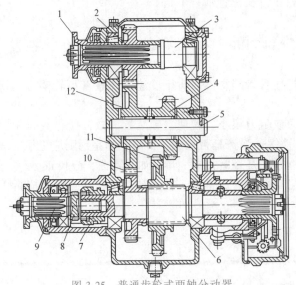

图 3-25　普通齿轮式两轴分动器

14. 分动器的结构原理

1—凸缘盘　2—主动齿轮　3—输入轴　4—中间轴小齿轮　5—中间轴

6—后桥输出轴　7—前桥接合套　8—花键齿轮　9—前桥输出轴

10—常啮合高速档齿轮　11—变速滑动齿轮　12—中间轴高速档齿轮

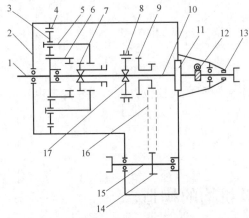

图 3-26　行星齿轮式两轴分动器传动示意图

1—输入轴　2—分动器壳　3—行星齿轮　4—齿圈　5—行星架　6—太阳轮　7—换档齿毂　8—接合套　9、14—齿轮
10—后桥输出轴　11—转子式油泵　12—里程表驱动齿轮　13—油封　15—前桥输出轴　16—锯齿式链条　17—花键毂

2）三轴式分动器。图 3-27 所示为东风 EQ2080 型 6×6 三轴越野汽车的三轴式普通齿轮分动器，其动力传递简图如图 3-28 所示。

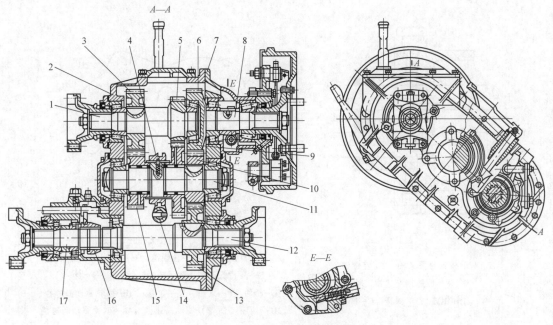

图 3-27   三轴式普通齿轮分动器

1—输入轴   2—分动器壳   3、5、6、9、10、13、15—齿轮   4—换档接合套   7—分动器盖
8—后桥输出轴   11—中间轴   12—中桥输出轴   14—换档拨叉轴   16—前桥接合套   17—前桥输出轴

（2）操纵机构   分动器操纵机构应具有自锁、互锁装置。

因为分动器换入低速档时输出转矩较大，为避免中、后桥超载，操纵机构必须保证：换入低速档前应先接上前桥，摘下前桥前应先退出低速档，即应具有互锁功能。互锁装置有钉板式、球销式和摆板滑槽凸面式。

钉板式互锁装置如图 3-29 所示，钉板式互锁装置多用于两拨叉轴距离较远的操纵机构；

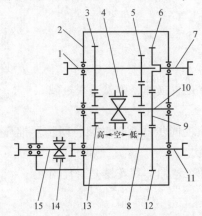

图 3-28   三轴式普通齿轮分动器传动示意图

1—输入轴   2—分动器壳   3、5、6、8、9、12、13—齿轮
4—换档接合套   7—后桥输出轴   10—中间轴
11—中桥输出轴   14—前桥接合套   15—前桥输出轴

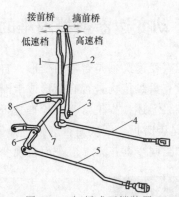

图 3-29   钉板式互锁装置

1—换档操纵杆   2—前桥操纵杆   3—螺钉
4、5—传动杆   6—摇臂   7—轴   8—支承臂

球销式互锁装置如图 3-30 所示，球销式互锁装置多用在两拨叉轴距离较近的操纵机构；摆板滑槽凸面式互锁装置如图 3-31 所示。

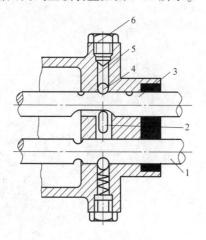

图 3-30　球销式互锁装置

1—前桥接合拨叉轴　2—互锁销

3—高、低档变速拨叉轴

4—自锁钢球　5—弹簧　6—螺塞

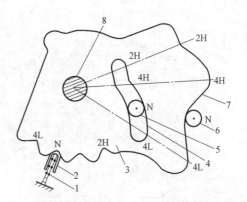

图 3-31　摆板滑槽凸面式互锁装置

1—自锁弹簧　2—自锁销　3—摆板　4—滑槽
5—高、低速档拨叉　6—接、摘前桥驱动拨叉
7—凸面　8—转轴　N—空档　4H—四轮驱动高速档
2H—两轮（后轮）驱动高速档　4L—四轮驱动低速档

8.2　手动变速器换档困难的故障原因分析

1）变速叉轴弯曲变形。

2）自锁或互锁钢球破裂、毛糙卡滞。

3）变速联接杆调整不当或损坏。

4）同步器耗损或有缺陷。

5）变速器轴弯曲变形或花键损坏。

8.3　手动变速器换档困难的故障诊断

1）检查变速叉轴是否弯曲变形，自锁和互锁钢球是否损坏，弹簧是否过硬。

2）检查操纵机构是否有变形或卡滞。

3）如果上述检查正常，应检查是否损坏，主要检视同步器是否散架，同步器锥环内锥面螺旋槽是否磨损，滑块是否磨损，弹簧弹力是否过软。

4）如果同步器正常，应进而检视变速器第一轴是否弯曲，其花键是否耗损。

作　业

完成"学习工作页" 3.3 的测试题和实训 3。

项目 4　自动变速器的故障诊断与维修

学习目标

1. 知识要求
1）能够简述自动变速器的特点、分类及基本组成。
2）能够简述液力变矩器的作用、构造及工作原理。
3）能够简述行星齿轮机构的构造及其工作原理。
4）掌握自动变速器控制系统的工作原理。
5）掌握典型自动变速器传动系统。
6）掌握 CVT 的基本结构。
7）掌握 01J 型自动变速器主要组成零部件的结构及其工作原理。
2. 技能要求
1）能够检修典型的自动变速器。
2）能够诊断与排除自动变速器常见的故障。
3）能够完成 CVT 的维护。
4）能够维修 CVT。

任务 9　自动变速器打滑的故障诊断与维修

任务接受

客户报修：汽车起步时踩下加速踏板，发动机转速很快升高但车速升高很慢。行驶中踩下加速踏板加速时，发动机转速很快升高但车速没有很快升高。平坦路面上行驶时基本正常，但上坡无力，且发动机转速很高。

任务准备

9.1　自动变速器、液力变矩器与液力耦合器的构造与工作原理

1. 自动变速器的特点
（1）自动变速器的优点
1）自动变速器可减轻驾驶人的劳动强度。装配手动变速器的汽车，驾驶人是通过操纵

离合器、变速杆、加速踏板来实现车速控制的，在交通状况比较复杂的城区，这会增加驾驶人的操作劳动强度，容易造成疲劳。由于操作动作比较多，掌握不好会造成起步困难、换档冲击、发动机熄火等一系列的问题。而装配自动变速器的车辆，操控简单，不用踩离合器踏板，不用频繁地更换档位，起步平稳，踩制动踏板时不用担心发动机熄火，大大减轻了驾驶人的劳动强度，使驾驶汽车更容易、更具有乐趣。

2）自动变速器可提高汽车的燃油经济性。汽车在城区行驶时，由于交通堵塞、路口红绿灯等因素的影响，经常处于走走停停的状态。如果是装配手动变速器的汽车，就需频繁地踩离合、换档、起步、踩制动踏板，而装配自动变速器的汽车的操作就简单得多，同时，由ECU控制及时换档比较省油。

装配手动变速器的汽车操作复杂，如果经验不足、操作不当，会比较耗油，即车辆的油耗与驾驶人的技术有很大的关系。而装配自动变速器的汽车操作简单，ECU自动控制换档时刻、自动控制发动机在理想状态下稳定运行。所以，车辆的油耗与驾驶人的驾驶技术关系不大，消除了驾驶人的换档技术差异。

3）操作简化，提高了行车安全性。由于操作的简化，当驾驶人遇到紧急情况时，不会因操作复杂而手忙脚乱，造成误操作。

4）提高了发动机和传动系统的使用寿命。由于自动变速器有液力变矩器这样一个弹性元件，可以吸收变档过程中的冲击和负荷变化时产生的荷载变化，减轻对发动机的不良影响。

5）自动变速器可减少发动机的排放污染。汽车发动机的排放多少与发动机的工况有关，例如发动机在极低和极高的转速下工作时，燃烧的是较浓的混合气，排放污染就较多。而装配自动变速器能使发动机的转速尽可能地工作在中等负荷范围内，以此来限制排放污染。同时，自动控制变速时机，变速时稳定发动机转速，可以使发动机始终工作在稳定状态，这时的废气排放比非稳定状态少得多。

（2）自动变速器的缺点

1）结构复杂，增加了制造难度；价格高，增加了整车费用。

2）维修技术复杂，要求维修技师有较高的维修水平和故障分析能力。

2. 自动变速器的分类

（1）按照驱动形式不同分类　汽车的驱动方式有前轮驱动和后轮驱动之分，与之相对应有前驱变速器和后驱变速器，如图4-1所示。前轮驱动的变速器与主减速器、差速器做成一体，同时做为前桥支撑，所以也称为驱动桥。

（2）按照变速机构类型分类　自动变速器可分为固定平行轴齿轮机构式、行星齿轮机构式和金属带式无级自动变速器。固定平行轴齿轮机构式自动变速器体积较大，传动比小，只有本田等少数车型采用。行星齿轮机构式自动变速器结构紧凑，能获得较大的传动比，被大多数轿车采用。行星齿轮机构式自动变速器分为辛普森式和拉维纳式两种。

（3）按照控制方式分类　自动变速器可分为液压控制自动变速器和电控自动变速器两类。液压控制自动变速器中，以节气门开度和汽车车速的液压信号为控制信号，来决定档位的升降。电控自动变速器中，使用不同的传感器将节气门位置信号、冷却液温度信号、变速器油温信号和车速信号等多种运行参数转变为电信号，输送给控制单元，控制单元对这些信号综合处理，按照编制的换档程序发出执行指令，控制电磁阀根据指令来操纵换档控制阀，

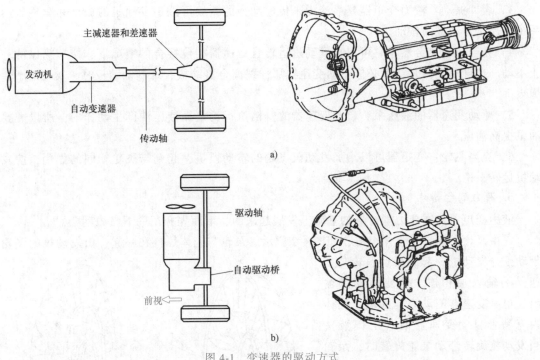

图 4-1 变速器的驱动方式

a) 后轮驱动 b) 前轮驱动

从而改变控制油路, 达到换档的目的。

电控自动变速器由于编制程序的灵活性, 可以很容易的改变换档规律以适应不同的需求和功能的扩展。目前, 市面上的自动变速器绝大部分都是电控行星齿轮式自动变速器。

(4) 按照前进档档位的多少分类 按自动变速器前进档位数分有 2 档、3 档、4 档、5 档自动变速器。目前自动变速器一般有 4 个前进档, 即 D、3、2、L。4 档是超速档 (OD 档)。少数自动变速器为 5 个档, 5 档是超速档。

3. 自动变速器的基本组成

自动变速器由液力元件、变速机构、控制系统、主传动部件等几大部分组成。

液力元件主要指液力变矩器。

变速机构包括换档执行元件和行星齿轮机构。

控制系统可分为电控系统和液控系统。

主传动部件包括主减速器和差动器, 用于前轮驱动车辆, 包含主传动部件的自动变速器又称为自动变速驱动桥, 后轮驱动的车辆主减速器和差速器安装在车辆后桥上。

4. 液力变矩器

液力变矩器装于发动机和变速器之间。变矩器壳通过螺栓与发动机飞轮相连, 与发动机同速度旋转。液力变矩器内部的涡轮将动力传递给变速器输入轴。

液力变矩器具有如下作用:

1) 传递动力: 在不同的工况下, 将发动机的动力以液压或机械的方式传递到变速器。

2) 降速增矩: 在涡轮轴转速较低时, 可增加发动机的输出转矩及减少变速器输出转速, 使车辆易于起步。

3）缓冲振动：液力变矩器是靠液力来传递动力的，故可减小发动机的振动和车辆传动系统传递至发动机的振动。

4）充当自动离合器：它可以在发动机运转且变速器档位接合的情况下，使车辆保持静止不动。在自动变档时，不必像手动变速器那样踩离合器踏板；踩制动踏板时，发动机不会熄火。

5）驱动变速器的液压泵：自动变速器的变档执行均是靠液压油产生动作的，所以需要油泵提高油压。

6）充当飞轮：变矩器可以增加发动机飞轮的转动惯量，起到与飞轮相同的作用，使发动机运转平稳。

5. 液力耦合器

液力变矩器是在液力耦合器的基础上发展起来的，下面先介绍一下液力耦合器。

它由泵轮、涡轮和壳体组成，如图4-2所示。泵轮与壳体焊接在一起，由发动机的飞轮带动，与发动机一起旋转。涡轮与变速器的输入端相连，是变矩器的输出，也是变速器的动力输入端。壳体内充满着自动变速器油（工作液）。当发动机旋转带动泵轮旋转时，泵轮上的叶片搅动变速器油，使变速器油随之旋转，旋转的油推动对面的涡轮旋转，最终的结果是涡轮随着发动机一起旋转。这样，发动机的动力就通过油传递到了涡轮，再传到变速机构。其基本原理类似于用一个通电的电风扇面对面地吹另一个不通电的电风扇，结果是风带动不通电的电风扇一起转。

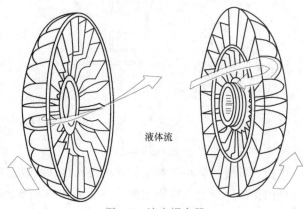

液体流

图4-2 液力耦合器

液力耦合器实现传动的必要条件是工作液在泵轮和涡轮之间循环流动，而循环流动是由于两个工作轮转速不相等，使两轮叶片的外缘处产生液压差所致。所以，液力耦合器在正常工作时，泵轮的转速总是大于涡轮的转速。如果两轮转速相等，则耦合器内部工作液就会停止流动，液力耦合器就不能传递动力了。

只有存在速度差，才能传递动力。这就存在动力损失。当泵轮和涡轮的速度差较大时，涡流速度加快，传动效率很低，且不能起到增加力矩的作用。实际上它只在早期的几种自动变速器车上使用过，而液力变矩器就克服了这种缺点。

6. 液力变矩器与液力耦合器的不同点

液力变矩器与液力耦合器最大的不同点在于，在泵轮和涡轮之间增加了一个导轮，导轮只能单向旋转。由于单向导轮的存在，在两轮速度差较大时，能改变油液的流动方向，从而增加输出转矩。液力变矩器的分解图和装配图如图4-3所示。

与液力耦合器一样，液力变矩器在正常工作时，壳体内的油液一部分随泵轮的旋转作圆周运动，还有一部分被泵轮的叶片搅动作循环运动，把转矩传递到涡轮上。

与液力耦合器不同的是，液力变矩器不仅能传递转矩，还能在泵轮转矩不变的情况下增

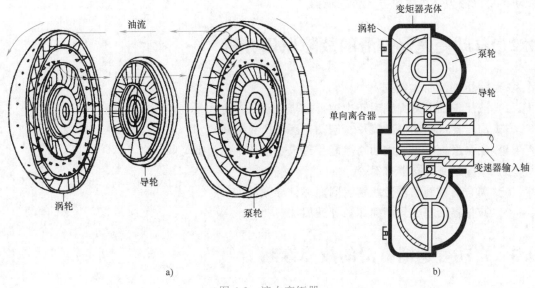

图 4-3　液力变矩器

a）变矩器分解图　b）变矩器装配图

加涡轮转矩的输出。变矩器能起到变矩作用是由于比耦合器多了一个单向导轮。在涡轮相对于泵轮低转速时，在油液循环流动的过程中，由涡轮返回泵轮的油液流冲击到导轮的叶轮上，冲击方向使导轮的单向离合器锁止，固定不动的导轮改变了回油流向，给涡轮一个反作用力矩，使涡轮输出的转矩高于泵轮输入的转矩。当涡轮高速旋转时，由涡轮返回的油液流冲击到导轮的背面，冲击方向使导轮的单向离合器处于超越空转状态，导轮不起作用，随着泵轮一起旋转，此时变矩器工作在耦合状态。

液力变矩器的特点：在汽车刚刚起步阶段，发动机的转速与轮速相差较大，即可以理解为泵轮与涡轮的转速相差较大，此时，单向导轮起作用，工作在变矩器状态，涡轮的转矩增加，利于汽车起步。当车速逐渐增加时，由于惯性的作用，所需的转矩逐渐减少，泵轮和涡轮间的转速差随之减小。当减小到一定程度时，单向导轮解除单向，随泵轮一起旋转，进入耦合阶段。可以把它看成是变矩器+耦合器。转速差大时，是变矩器；转速差小时，是耦合器；两种方式转换的关键是单向导轮是否在起作用。

7. 带锁止离合器的液力变矩器

在手动变速器车辆中，当离合器完全结合、车辆正常行驶时，发动机经离合器传递到变速器的动力可达 100%。在液力变矩器中，由于泵轮与涡轮之间必须存在速度差才能传递动力，所以液力变矩器最高效率时滑差也要达到 4%~5%，这不仅降低了传动效率，还会使油温升高。如果增加一种机构，在高速行驶时，把泵轮和涡轮直接连接起来，形成硬性连接使滑差降到 0 左右，就可提高传动效率、节省油耗，提高经济性的同时还可降低油温。为此，新型汽车自动变速器的液力变矩器中都装有锁止离合器（TCC）。锁止离合器与涡轮相连，当锁止离合器摩擦片与泵轮或变矩器壳体压紧时，就把涡轮与泵轮直接相连成了一个整体，形成刚性连接。

新型汽车自动变速器均采用带锁止离合器的液力变矩器。它由泵轮、涡轮、单向导轮、锁止离合器和壳体组成。液力变矩器具有变速、变矩、动力传递的作用，另外，它可以根据

传动需要以液力和机械的方式传动动力。

9.2 自动变速器打滑的故障原因分析

1）液压油油面太低。
2）液压油油面太高，运转中被行星排搅动后产生大量气泡。
3）离合器或制动器摩擦片、制动带磨损严重或烧焦。
4）油泵磨损严重或主油路泄漏，造成主油路油压过低。
5）单向超越离合器打滑。
6）离合器或制动器活塞密封圈损坏，导致漏油。
7）减振器活塞密封圈损坏，导致漏油。

9.3 自动变速器打滑的故障诊断

1）对于出现打滑的自动变速器，不要急于拆卸分解，应先做各种检查、测试，以找出造成打滑的真正原因。
2）检查液压油的品质。若液压油呈棕黑色或有烧焦味，说明离合器或制动器的摩擦片或制动带有烧焦，应拆修自动变速器。
3）做路试，以确定自动变速器是否打滑，并检查出现打滑的档位和打滑的程度。

作 业

完成"学习工作页"4.1的测试题。

任务10 自动变速器换档冲击过大的故障诊断与维修

任务接受

客户报修：在汽车起步时，由停车档或空档挂入倒档或前进档时，汽车振动较严重；行驶中，在自动变速器升档的瞬间汽车有较明显的闯动。

任务准备

液力变矩器可以在一定范围内自动无极地改变转矩和传动比，以适应行驶阻力的变化，但变矩范围小，不能完全满足汽车使用的要求。必须与齿轮变速器组合使用，扩大传动比的变化范围，才能满足汽车行驶的要求。

自动变速器的齿轮变速系统主要包含：齿轮变速机构、换档执行元件和控制系统三大部分。自动变速器的变速齿轮机构有行星式齿轮机构和定轴式齿轮机构。多数车采用行星式齿轮机构，只有日本本田等少数车型采用定轴式齿轮机构。

10.1　齿轮变速机构的构造与工作原理

1. 简单行星式齿轮机构

简单行星齿轮机构是由一个太阳轮、一个带有多个行星齿轮的行星架和一个齿圈组成。太阳轮、行星架和齿圈的装配组合关系如图4-4所示。

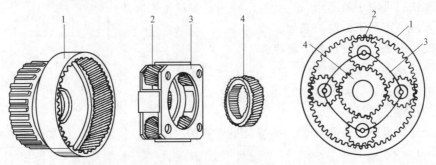

图4-4　行星齿轮结构

1—齿圈　2—行星轮　3—行星架　4—太阳轮

齿圈又称齿环，具有内齿，与装在行星架上的行星轮相啮合；行星轮通过齿轮轴支撑在行星架上，下行星轮具有外齿，外圈与齿圈啮合，内圈与太阳轴啮合；太阳轴位于最内圈，具有外齿，与行星架上的行星轮相啮合。装配好后，太阳轮位于中心，所有行星轮在与太阳轮外啮合的同时与齿圈内啮合，这样的组合称为一个单排单级行星排。其示意图如图4-5所示。

由于单排行星齿轮机构具有两个自由度，为了获得固定的传动比，需将太阳轮、齿圈、行星架三者之一制动（转速为0）或约束（以某一固定的转速旋转），以获得所需的传动比；如果将三者中的任意两个连接为一体，则整个行星齿轮机构以同一速度旋转。

图4-5　单排单级行星排示意图

单排行星齿轮机构是构成较复杂的多级行星齿轮机构的基础，单排行星齿轮机构的变化规律是必需的理论基础。

单排行星齿轮机构的变化规律见表4-1。

表4-1　单排行星齿轮机构的变化规律

太阳轮	行星架	齿圈	输出:同向/反向	输出:加快/减慢
固定	输入	输出	同向	加快
固定	输出	输入	同向	减慢
输入	固定	输出	反向	
输出	固定	输入	反向	

（续）

太阳轮	行星架	齿圈	输出:同向/反向	输出:加快/减慢
输入	输出	固定	同向	减慢
输出	输入	固定	同向	加快
把任意两个连接在一起			同向	一样快

总结其应用：

输出同向：可用于前进档。

输出反向：可用于倒档。

输出加快：可用于超速档。

输出减慢：可用于低速档或起步档。

仔细观察上表，可发现如下规律：

超速档的规律：行星架输入。

慢档的规律：行星架输出。

倒档的规律：行星架固定。

这 3 个规律里面的共同点是：都与行星架有关。所以，只要关注行星架就可理解变档规律。

在太阳轮、齿圈、行星架这 3 个元件中，太阳轮的齿数最小，齿圈的齿数中等，行星架的齿数最大。即：行星架的假想齿数＝太阳轮的假想齿数+齿圈的假想齿数。

上面的规律可以用以下方法记忆：

行星架输入，就是大齿轮输入转一圈，小齿轮输出转多圈，大的带动小的，肯定是加速，即超速档；

行星架输出，就是小齿轮输入转多圈，大齿轮输出才转一圈，小的带动大的，肯定是减速，即慢档。

剩下一个倒档，就是行星架固定，其余两个元件，一个输入，一个输出。

1：1 的直接档，就是 3 个元件中的任意两个连接在一起即可。

2. 复杂行星齿轮机构

单排行星轮机构的速比范围有限，往往不能满足汽车的实际要求，因此，现在实际使用中的行星齿轮变速器中，都是由多个单排行星轮机构和多组离合器组成。借助离合器操纵，用不同行星轮机构的组合来获得不同的档位速比，使实际的行星轮机构变速器结构比单排行星轮机构复杂得多。

现代汽车液力自动变速器上使用的行星齿轮机构，多数是由辛普森式两个单排行星齿轮机构组成的。

图 4-6 所示是一个典型的辛普森齿轮机构，其特点是具有两排行星齿轮系，共用一个太阳轴，前排齿圈与后排行星架相接在一起共同做为动力输出轴。经过这样组合后，该行星齿轮机构共有 4 个独立的元件，分别是共用的太阳

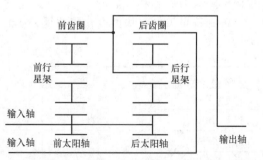

图 4-6 典型的辛普森齿轮机构

轴、前行星架、后齿圈、前齿圈与后行星架组合件。

10.2 换档执行元件的构造与工作原理

换档执行元件的作用是固定或约束行星齿轮机构的某些构件，使其转速为0或连接某部件使其按某一规定转速旋转。通过适当选择行星齿轮机构被约束的基本元件和约束方式，就可以得到不同的传动比，形成不同的档位。

换档执行元件包括离合器、制动器和单向离合器3种不同的元件。

（1）多片湿式离合器　离合器的作用是连接或分离两个传动元件，当离合器工作时，将变速机构的输入轴（主动部件）与行星齿轮机构的某个部件（被动部件）连接在一起，以实现动力传输；也可以将行星齿轮机构中的两个基本元件连接为一体，以实现直接传动（传动比为1）。离合器的常见结构是多片湿式离合器，如图4-7所示。

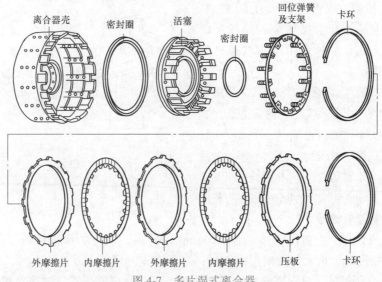

图4-7　多片湿式离合器

多片湿式离合器亦称为多片摩擦式离合器，由离合器钢片（从动）、离合器摩擦片、离合器毂（驱动）、离合器从动盘毂、活塞及回位弹簧等构成。

钢制圆盘式离合器摩擦片与离合器毂键槽连接；离合器片（从动）在钢板上粘有耐磨材料的摩擦衬片与离合器从动盘毂键槽连接。离合器摩擦片和离合器片交互配置，当它们彼此相互压紧（结合状态）时，传递动力；彼此松开有间隙（分离状态）时，不传递动力。

多片湿式离合器的结合和分离动作是靠液压操纵系统的有压力的工作油液来实现的。当压力油通过轴上油道进入离合器油缸作用在活塞上时，克服复位弹簧的弹力，推动活塞压紧离合器片和摩擦片，使之结合，传递动力。当液压油的压力被卸掉时，复位弹簧使活塞回位，离合器片与摩擦片分离，动力切断。

多片湿式离合器具有磨损小，使用中不需调整，且能够获得很大的摩擦面积，传递转矩的容量大的特点。可以借助增减离合器摩擦片数，很容易改变转矩容量，以适应发动机一定程度排量的变化，而且可以根据油压自由改变。

离合器的表示符号如图4-8所示，在动力传输图中用字母C表示。

（2）制动器 制动器的作用是固定行星齿轮机构中的某些基本元件，它工作时将被制动元件与变速器壳体连接在一起，使其固定不能转动。常见的制动器有单圈带式制动器和多片式制动器两种。

图4-8 离合器的表示符号

1）带式制动器。带式制动器是将内侧粘有摩擦材料的制动带卷绕在制动鼓上，给予制动带张力，靠制动带与制动鼓之间的夹紧产生的摩擦实现制动作用。在结构上，制动带的一端固定在壳体上，另一端由液压伺服油缸的活塞推动，产生对制动带的夹紧作用力，如图4-9所示。

2）片式制动器。带式制动器占用空间尺寸小、易布置，所以以前的自动变速器中采用的相对较多。但是因为片式制动器结合平稳性比带式易控制，又基于性能上的要求，可借助增、减制动器片数来适应不同排量的发动机，在液力自动变速器中已较多地开始采用片式制动器。

片式制动器的工作原理与多片湿式离合器相同，区别在于离合器毂是固定不动的。当不结合时，摩擦片可自由旋转；当结合时，摩擦片与钢片压紧，由于毂固定，则摩擦片也被固定不动，即制动。

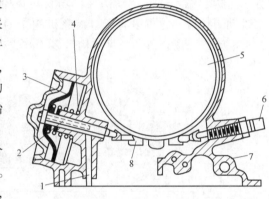

图4-9 带式制动器

1—油路 2—活塞推杆 3—活塞 4—回位弹簧 5—制动鼓
6—调整螺钉 7—变速器壳体 8—制动带

制动器的表示符号如图4-10所示，在动力传输图中用字母B表示。

（3）单向离合器 单向离合器具有单向锁止的特点，当与之相连接的元件的旋转趋势使其受力方向相同时，该元件被固定或连接；当受力方向与锁止方向相反时，该元件被释放（脱离连接）。由此可见，单向离合器在不同的状态下具有与离合器、制动器相同的作用。

常见的单向离合器有楔块式、滚柱式和棘轮式3种。

楔块式单向离合器由内圈、楔块、保持架和外圈组成，如图4-11所示。

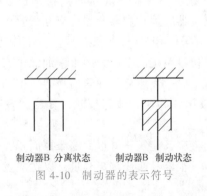

图4-10 制动器的表示符号

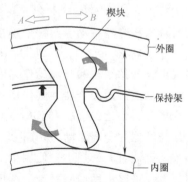

图4-11 楔块式单向离合器

单向离合器在自动变速器中的应用原理可以参照自行车后链轮的工作原理理解。

单向离合器的表示符号如图 4-12 所示，在动力传输图中用字母 F 表示。

图 4-12　单向离合器的表示符号

10.3　自动变速器控制系统

控制系统的作用是根据发动机负荷和车速的变化并参考其他修正信号，按照设定的换档规律自动选择档位，并通过换档执行元件的动作来改变行星齿轮机构的传动比，从而实现档位的自动变换。自动变速器按换档信号和执行元件是电子控制还是全液压元件控制，可分为液控液压式和电控液压式两种。

电控液压式自动变速器是在液控液压式自动变速器的基础上发展起来的，如图 4-13 所示。

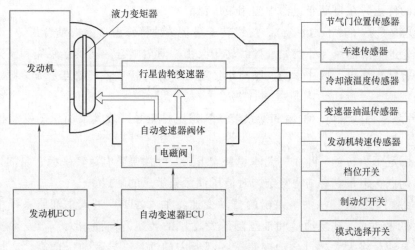

图 4-13　电控自动变速器控制原理

电控自动变速器的控制原理是通过传感器和开关监测汽车和发动机的运行状态，接受驾驶人的指令，将发动机转速、节气门开度、车速、发动机冷却液温度、自动变速器油温等参数转变为电信号，并输入电控单元（ECU）。ECU 根据这些信号，按照设定的换档规律向换档电磁阀、油压电磁阀等发出电子控制信号；换档电磁阀和油压电磁阀将 ECU 发出的控制信号转变为液压控制信号，阀板中的各个控制阀根据这些液压控制信号控制换档执行机构的动作，从而实现自动换档。

（1）自动变速器油　自动变速器油（ATF）是一种多功能的工作液，具有传递动力、液压控制、润滑和冷却等作用。自动变速器油的选用对自动变速器的影响很大，若不按规定

规格使用自动变速器油，可能造成变速器的内部损坏，这是因为变速器的开发过程是基于某种特定的油液进行的，如自动变速器中各离合器和制动器的油压、摩擦片数等都是基于一种特定的油液参数而设计的。

为保证自动变速器油的上述功能，它应具有以下主要性能：

1）适当的黏度及良好的黏温特性和低温流动性。

2）良好的热氧化稳定性。

3）良好的抗磨性。

4）对橡胶密封材料有良好的适应性。

（2）油泵　油泵是液压控制系统的动力源，它的作用是向控制机构、换档机构和液力变矩器提供油压，并向变速器内部需要润滑的机件提供润滑。油泵输出的是主压力，也称线路压力。主油压经调节后产生各个不同作用的分支油压。各分支油压的压力不会超过主油压。油泵通常安装在变矩器后面，由变矩器壳体驱动，故其转速与发动机的转速相同。发动机停止运转时，油泵即停止转动。

自动变速器常用的油泵有内啮合齿轮油泵、摆线转子泵和叶片泵 3 种。

1）内啮合齿轮油泵（齿轮式油泵，简称齿轮泵）。内啮合齿轮油泵由主动齿轮（内齿轮）、从动齿轮（外齿轮）、月牙形隔板、泵壳、泵盖等组成。内啮合齿轮油泵具有结构紧凑、尺寸小、重量轻、自吸能力强、流量脉动小、噪声低的优点，在自动变速器中应用最广泛。

15. 齿轮式油泵的结构及原理

2）摆线转子泵（转子式油泵）。摆线转子泵是一种特殊齿形的内啮合齿轮油泵，齿轮的齿廓曲线为外摆线。摆线转子泵由一对内啮合的转子、泵壳和泵盖组成。摆线转子泵具有结构简单、尺寸紧凑、噪声小、运转平稳的特点；其缺点是流量脉动大，加工要求精度高。

3）叶片泵。内啮合齿轮油泵和摆线转子泵是定排量泵，故其泵油量随发动机的转速增加而增加。

叶片泵由定子、转子、叶片、壳体和泵盖组成。叶片泵具有运转平稳、泵油量均匀、容积效率高的优点，但是它有结构复杂、对液压油污染敏感的缺点。

（3）主油路调压阀　从油泵泵出的自动变速器油（ATF）进入主油路系统中，由于油泵是由发动机驱动的，其泵油量和油压随着发动机的转速升高而增大：当发动机高速运转时，油泵的泵油量将大大超过自动变速器各部所需的油量，导致油压增高，增加发动机负荷，并造成换档冲击；当主油路油压过低时，会使离合器、制动器等执行元件打滑、烧损。因此，在主油路中设置了调压阀，用于调节主油道的压力，使其保持在一个稳定的范围内。

（4）节气门压力调节阀　节气门压力调节阀简称节气门阀。其输出的油液压力与节气门开度的大小有关，因节气门开度的大小对应着发动机的负荷，所以又称为负荷油压或转矩油压。它随着节气门开度的增大而增大，节气门阀向主油压调节阀和换档阀等提供节气门油压信号。

（5）速控压力调节阀　速控压力调节阀简称速控阀或调速器阀，它的功用是为自动变速器换档阀提供一个随车速变化而变化的控制油压。速控阀通常安装在输出轴上，与输出轴同步旋转，利用输出轴旋转时重块产生的离心力来控制滑阀的位置，故又称为离心式速控阀。

（6）手动阀 手动阀也称手控阀，它安装于控制阀体上，由变速杆拉索控制，如图4-14所示。

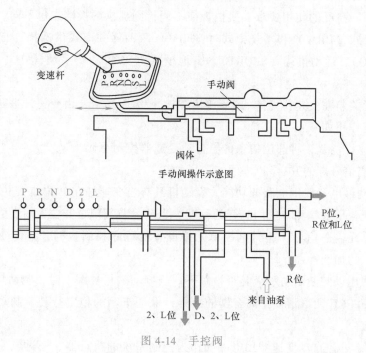

图4-14 手控阀

手控阀实质上是一个手控的油路开关。它有一个进油口，有不同的出油口。根据变速杆的不同位置，将油液引入相应的油通路。档位的变换是在这个基础上进行的。手动阀所处的位置不同，接通的油道就不同，即手动阀本身只改变液压油路，不直接改变油压的大小。

（7）电子控制系统 目前新款轿车多采用电子控制自动变速器，控制系统由电子控制装置和阀体两大部分组成，即由电子元件控制液压元件的动作，简称电控自动变速器。

根据电子控制装置的功能与作用不同，电子控制部件可分为传感器、控制单元（ECU）和执行元件三大部分。

1）传感器。自动变速器电子控制系统常用的传感器有节气门位置传感器、车速传感器、输入轴转速传感器、油温传感器、模式开关、超速档开关、空档起动开关、制动灯开关、强制降档开关和巡航控制信号等。

节气门位置传感器的作用是将节气门开启角度转换为电压信号送至电控单元，作为决定换档点和变矩器锁止时机的基本信号之一。节气门位置传感器安装在发动机节气门体上并与节气门联动。

车速传感器用于产生信号频率与车速成正比的电信号，并输入给自动变速器的ECU，作为确定换档点和变矩器锁止时机的基本依据之一。

超速档开关通常安装在自动变速器操纵手柄上，由驾驶人自主选择是否需要超速档。当该开关打开时，超速档电磁阀通电，可以升到四档（即超速档）。开关关闭时，超速档电磁阀断电，变速器不能升到四档。自动变速器最多只能升至三档。

在驾驶室仪表板上的"O/D OFF"指示灯可显示超速档开关的状态。当超速档开关打

开时，"O/D OFF"指示灯熄灭，而超速档开关关闭时，"O/D OFF"指示灯亮起。

模式开关又称为程序开关，用于选择自动变速器的控制模式，即选择自动变速器的换档规律，以满足不同路况的使用要求。换档规律不同，则提供的换档点也不同。一般车型的模式开关有动力模式（PRW）和常规模式（NORM）两种驾驶模式供选择，有的车型还有经济模式（ECONO）、运动模式（SPORT）、雪地模式（SNOW）、手动模式（MANUL）可供选择。

空档起动开关装在变速器壳体的手动阀臂轴或操纵手柄上，由变速杆进行控制，故也称为档位开关，其作用如下：

① 指示变速杆位置，将选位信息传给自动变速器控制单元。

② 控制倒档信号灯的开启。

③ 控制起动继电器线圈电路的功能。发动机只有当变速杆在 P 位或 N 位时才能起动。

强制降档开关用来检测节气门打开的程度。当超过节气门全开位置时，强制降档开关接通，并向电控单元输送信号，这时电控单元按设置的程序控制换档，并使变速器降一个档位，以提高汽车的加速性能。

制动灯开关用以判断制动踏板是否被踩下。当制动踏板被踩下时，制动灯开关输送信号给 ECT 的 ECU，ECU 便取消锁止离合器的接合，保证车辆的稳定行驶。制动灯开关安装在制动踏板支架上。

2）执行器。电控自动变速器用电磁阀作为控制系统的执行器，通过电磁阀控制液压系统中的换档阀，以使离合器、制动器等执行元件工作，从而实现自动换档和变矩器闭锁。

开关式电磁阀的作用是开启和关闭变速器油路，可用作控制换档阀及锁止离合器的锁止阀。开关式电磁阀由电磁线圈、衔铁、阀芯和回位弹簧等组成。它只有两种工作状态：全开、全关。线圈不通电时，阀芯被油压推开，打开泄油孔，该油路的压力油经电磁阀卸荷，油路压力为零；线圈通电时，电磁力使阀芯下移，关闭泄油孔，油路压力上升。

脉冲式电磁阀的结构与开关式电磁阀的结构基本相似，如图 4-15 所示，由电磁线圈、衔铁、阀芯等组成。脉冲式电磁阀的作用是控制油路中油压的大小。它与开关式电磁阀不同之处在于，控制脉冲式电磁阀工作的电信号不是恒定不变的电压信号，而是一个频率固定的脉冲电信号。电磁阀在脉冲电信号的作用下不断反复地开启和关闭泄油孔。计算机通过改变脉冲的宽度（或者说是每个脉冲周期内电流接通和断开的时间比例，即占空比）来改变电

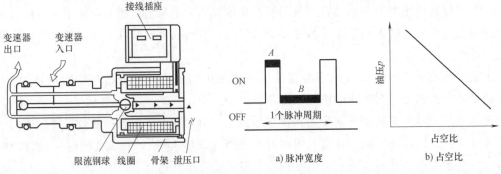

图 4-15　脉冲式电磁阀

磁阀开启和关闭的时间比例，而达到控制油路压力的目的。占空比越大，经电磁阀泄出的变速器油越多，油路压力越低；反之，占空比越小，油路压力越大。

脉冲式电磁阀一般安装在主油路或减振背压油路中，通过计算机控制，在变速器自动升档及降档瞬间，或在变矩器锁止离合器闭锁及解锁动作开始时，使油压下降，以减少换档和闭、解锁的冲击，使车辆行驶平稳。

10.4 自动变速器换档冲击过大的故障原因分析

导致自动变速器换档冲击大的原因很多，主要原因有调整不当、机械元件性能下降或损坏、电子控制系统故障。具体原因有：

1) 发动机怠速过高。
2) 节气门位置传感器调整不当，使主油路油压过高。
3) 升档过迟。
4) 主油路调压阀故障，使主油路油压过高。
5) 减振器活塞卡住，不能起减振作用。
6) 单向阀钢球漏装，换档执行元件（离合器或制动器）接合过快。
7) 换档执行元件打滑。
8) 油压电磁阀不工作。
9) ECU 故障。

10.5 自动变速器换档冲击过大的故障诊断

自动变速器换档冲击过大故障的诊断与排除步骤如下：

1) 检查发动机怠速。若怠速过高，应按标准予以调整。
2) 检查节气门位置传感器的调整情况。如果不符合标准，应予以调整。
3) 做道路试验。如果有升档过迟的现象，则说明换档冲击大的故障是升档过迟所致。如果在升档之前发动机转速异常升高，导致在升档的瞬间有较大的换档冲击，则说明离合器或制动器打滑，应分解自动变速器，予以修理。
4) 检测主油路油压。如果怠速时主油路油压过高，则说明主油路调压阀或调压电磁阀故障，可能是调压弹簧的预紧力过大或阀芯卡滞所致；如果怠速时主油路油压正常，但起步进档时有较大的冲击，则说明前进离合器或倒档及高档离合器的进油单向阀阀球损坏或漏装。对此，应拆卸阀板，予以修理。
5) 检测换档时的主油路油压。
6) 检查油压电磁阀的电路以及油压电磁阀工作是否正常、ECU 是否在换档的瞬间向油压电磁阀发出控制信号。

作 业

完成"学习工作页" 4.2 的测试题。

任务 11　自动变速器不能升档的故障诊断与维修

任务接受

客户报修：汽车行驶中自动变速器始终保持在一档，不能升入二档或高速档；或行驶中自动变速器可以升入二档，但不能升入三档和高速档。

任务准备

11.1　辛普森行星齿轮机构自动变速器的构造与工作原理

1. 丰田 A40 型三速辛普森行星齿轮机构自动变速器

丰田 A40 型三速辛普森行星齿轮机构自动变速器不设超速档，适用于后桥驱动的汽车。它由液力变矩器、行星齿轮变速器（包括行星齿轮机构和换档执行元件）和液力自动操纵系统（油泵、阀体、操纵机构）三部分构成，起到自动离合器和自动变速器两种作用。

A40 型自动变速器是 6 档式变速器，有 P、R、N、D、2、L 共 6 个换档位。P 是停车档；R 是倒车档；N 是空档；D 是前进档；L 和 2 是闭锁档。

前进 D 档：起步为 D1 档，随着车速增加，自动转为 D2 档，再增加就转为 D3 档，D3 是最高档。

前进 2 档：起步为 D1 档，随着车速增加，自动转为 2 档，2 档是最高档。

前进 L 档：起步为 1 档，车速增加时不进档。

A40 型自动变速器动力传递路线图如图 4-16 所示。该变速器的行星齿轮变速机构是由两个单排行星齿轮机构组成的典型辛普森齿轮系。其特点是前排齿圈与后排行星架连接在一起共同做为输出轴；前排与后排太阳轮共用，做为齿轮机构的输入端；后排齿圈同时做为齿轮系输入端。

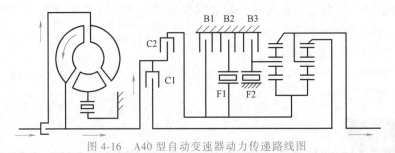

图 4-16　A40 型自动变速器动力传递路线图

（1）R 位　作用元件：后离合器 C2、制动器 B3。

如图 4-17 所示，在前、后行星排中，只有前行星排的行星架可以由 B3 固定，所以把前行星排的太阳轴作为输入（C2 结合），前齿圈输出。

其动力传递路线为：主动轴—后离合器 C2—前行星架（制动器 B3 固定）—前齿圈—输出轴。

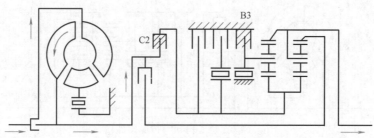

图 4-17　R 位动力传递路线图

（2）直接档（D 位 3 档）　作用元件：前离合器 C1、后离合器 C2。

直接档为 D3 档，即传动比为 1。由前面行星齿轮系变档规律可知：在一个行星排中，当把任意两个部件固定为一体时，由于各个部件的齿数不同，相互之间就会锁死，结果就是整个行星排一起旋转，即输入等于输出。分析本变速器的动力传递路线图，符合此条件的只能是后行星排的齿圈和太阳轴，通过 C1 和 C2 两个离合器同时结合，使后齿圈与太阳轴形成一体，造成后行星排整体旋转。

其动力传递路线为：主动轴—前后离合器 C1、C2—太阳轴、后齿圈—后行星排（锁死）—后行星架—输出轴。D 位 3 档的动力传递路线图如图 4-18 所示。

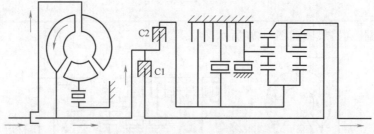

图 4-18　D 位 3 档动力传递路线图

（3）D 位 2 档　作用元件：前离合器 C1、制动器 B2、单向离合器 F1。

动力通过前离合器 C1 抵达后齿圈，此时制动器 B2 和单向离合器 F1 起作用，使太阳轴单向制动，后齿圈的转矩直接通过后行星架减速输出。

其动力传递路线为：主动轴—前离合器 C1—后齿圈—太阳轴（由 B2 和 F1 固定）—行星架—输出轴。

特点：减速档的特点为行星架输出，另两个部件一个输入、一个固定。

观察路线图中的两个行星排可以发现，前排行星架不能输出，只有后排的行星架可以作为输出。因此，固定后行星排的太阳轴（用 B2、F1），动力从后齿圈输入（C1 结合），由后行星架输出。

说明：D2 档无发动机制动，原因是固定太阳轴用的是 B2 和 F1，而 F1 相当于自行车后链轮，当车轮速度大于主动轴转速时 F1 就成为自由旋转状态，此时汽车就处于自由滑行状态，继而升到 D3 档。当发动机输出带动车轮时，F1 的旋转方向使太阳轴制动。当车轮转速大于发动机的转速时，变速器输出轴的转速大于输入轴，F1 的受力方向反向，F1 失去制动作用，太阳轴自由旋转。

D 位 2 档动力传递路线图如图 4-19 所示。

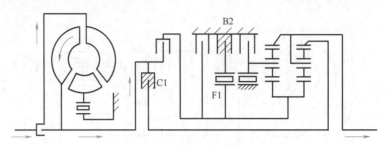

图 4-19　D 位 2 档动力传递路线图

（4）2 档　作用元件：前离合器 C1、制动器 B1。

2 档为闭锁 2 档，即不能从 2 档升到 D3 档，在 2 档时具有发动机制动功能。

此档的工作原理可以参考 D 位 2 档（D2）。两档的差别是一个无发动机制动（D2），一个有发动机制动（2），工作时的区别是太阳轴的固定方式。

D2 档（无制动）用单向离合器 F1 和制动器 B2 固定，轮速大于发动机转速时，F1 反向，太阳轴恢复自由，汽车滑行。

2 档（有制动）用制动器 B1 固定太阳轴。无论何时太阳轴均固定，输入与输出是硬性接触，车轮转速受发动机转速的限制，即产生发动机制动作用。

其动力传递路线为：主动轴—前离合器 C1—后齿圈—太阳轴（由 B1 固定）—行星架—输出轴。

2 档的动力传递路线图如图 4-20 所示。

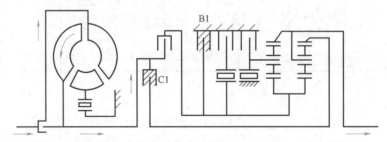

图 4-20　2 档动力传递路线图

（5）D 位 1 档　作用元件：前离合器 C1、单向离合器 F2。

当将变速杆置于 D 位车辆起步时，此时车速较低，需要较大的加速力，前离合器 C1 和单向离合器 F2 动作，传动系统位于第一档齿轮，减速比为 2.45，功率输出轴朝顺时针方向旋转。

动力通过前离合器 C1 传到后行星排的齿圈，通过齿圈的旋转使后行星排的行星架处于既自转又公转的状态，同时使公共的太阳轴反向旋转，并把这一转矩传给前行星排，使前行星排的行星架有反向旋转的趋势。由于在单向离合器 F2 的作用下，此时前行星架只能自转不能公转，因而太阳轴的转矩通过行星架的传递抵达前齿圈，使之正向旋转输出。

所以，当使用第一档齿轮时，主动轴的转矩既通过前行星排输出，又通过后行星排输

出。这样行星齿轮机构所承受的负荷分为两部分，防止齿轮损伤。其传递路线为：主动轴—前离合器 C1—后齿圈（分为两路）：①后行星轮—后行星架—输出轴；②后行星轮—太阳轴—前行星轮—前行星架（F2 作用）—前齿圈—输出轴。

说明：D1 档，不具有发动机制动功能，如当下坡时，变速器输出轴转速大于输入轴转速时，单向离合器 F2 的受力方向就会发生反向，使 F2 失去对前行星架的制动作用，前行星架能自由动作，使汽车能够以大于发动机的转速滑行。D 位 1 档的动力传递路线图如图 4-21 所示。

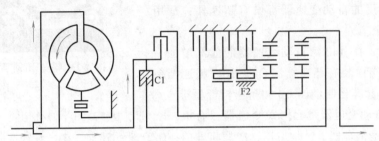

图 4-21　D 位 1 档动力传递路线图

（6）L 档　作用元件：前离合器 C1、制动器 B3。

L 档为闭锁 1 档，即不能升到高档，具有发动机制动功能。此档的工作原理可以参考 D 位 1 档。

两档的差别是一个无发动机制动（D1），一个有发动机制动（L），工作时的区别是前行星架的固定方式。

其动力传递路线为：主动轴—前离合器 C1—后齿圈（分为两路）：①后行星轮—后行星架—输出轴；②后行星轮—太阳轴—前行星轮—前行星架（B3 作用）—前齿圈—输出轴。

说明：D1 档（无制动）用单向离合器 F2 固定，轮速大于发动机转速时，F2 反向，前行星架恢复自由，汽车滑行。L 档（有制动）用制动器 B3 固定前行星架，无论何时前行星架均固定，使输入与输出是硬性接触，车轮转速受发动机转速的限制，即产生发动机制动作用。L 档的动力传递路线图如图 4-22 所示。

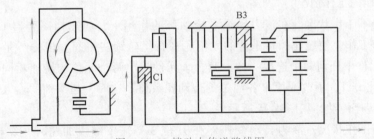

图 4-22　L 档动力传递路线图

（7）N、P 档　当变速杆处于 N 位或 P 位时，前、后两个离合器 C1、C2 均处于分离状态，因此动力不会传到输出轴。但是 P 位时，停车闭锁爪就会与前行星排机构齿圈的外齿啮合。因为停车闭锁爪是用花键与功率输出轴卡紧的，所以能够锁定处于停车状态的汽车。在其他档位时，抬起停车闭锁爪处于分离状态，不影响功率输出轴的旋转。

停车闭锁爪的结构如图 4-23 所示。

2. 丰田 A42D 型四速辛普森行星齿轮机构自动变速器

为进一步提高汽车的燃油经济性和减少高速时的发动机噪声，使发动机在较低的转速下运行，延长发动机寿命，目前投入市场的汽车液力自动变速器在维持原有 3 个前进档的大部分零部件不改变的情况下，增加了一个行星排使之成为四速（即具有超速档）自动变速器。

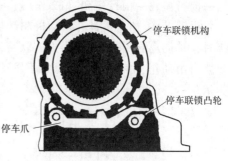

图 4-23　停车闭锁爪的结构

日本丰田汽车 A40D、A42D、A43D、A43DL、A43DE 型等常用的自动变速器都设有超速档，适用于后桥驱动的汽车。

（1）构成　在 A40 型自动变速器的前部增加一个超速档箱。箱内装有超速档离合器 C0、超速档单向离合器 F0、超速档制动器 B0 和超速档行星排。

A42D 型自动变速器是七档式变速器，有 P、R、N、D、2、L、O/D 共 7 个换档位。P 是停车档；R 是倒车档；N 是空档；D 是前进档；O/D 是超速前进、L 和 2 是闭锁档。

A42D 型行星齿轮机构主要由超速档离合器 C0、超速档单向离合器 F0、超速档制动器 B0、前离合器（C1）、后离合器（C2）、制动器（B1、B2、B3）、单向离合器（F1、F2）和前、后行星排机构等组成。

A42D 型自动变速器动力传递路线图如图 4-24 所示。

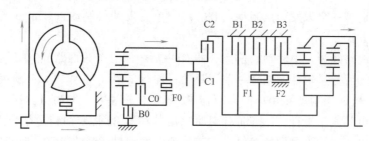

图 4-24　A42D 型自动变速器动力传递路线图

（2）超速档的工作情况

1）超速档不工作状况。在液力操纵系统油压的作用下，超速档离合器 C0 和超速档单向离合器 F0 起工作，使超速档行星排的太阳轮和行星轮锁在一起。根据行星排机构传动原理可知，3 个元件中任何两个连成一体，第 3 个元件与前两个元件的转速相同，成为直接传动状态，传动比 $i=1$，不改变原来各档位的传动比数值。这时，超速档的输入轴和变速器主动轴以相同的转速传动，如图 4-25 所示。

2）超速档工作状况。液力自动变速器在 D 位 3 档需要继续加速时，设有超速档（O/D）的液力自动变速器在液力操纵系统油压作用下，接通电磁机构的开关（O/D 控制开关），超速档制动器 B0 动作，使超速档行星排太阳轮制动，这样动力由超速档行星排行星架输入，超速档行星排齿圈输出。自动变速器的主动轴的转速高于超速档输入轴的转速。自动变速器输入轴后边的传动状态在与 D3 档的传动状态相同，为直接档，其传动比 $i=1$。所以，超速档时液力自动变速器的传动比等于超速档的传动比，即 $i=0.689$，实现超速传动。

其动力传递路线为：超速档的输入轴—超速档行星排行星架—超速档行星排齿圈—主动

轴，如图 4-26 所示。

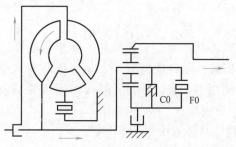

图 4-25 超速档不工作状况

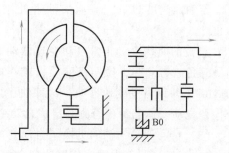

图 4-26 超速档工作状况

（3）各档工作状态

1）D 位 1 档。作用元件：超速档离合器 C0、超速档单向离合器 F0、前离合器 C1、单向离合器 F2。超速档离合器 C0 和超速档单向离合器 F0 动作，使超速档行星排中的行星架和太阳轴结合为一体，使超速档行星排形成 $i=1$ 的直接档速比。

2）L 档。作用元件：超速档离合器 C0、超速档单向离合器 F0、前离合器 C1、制动器 B3。

L 档为闭锁 1 档，不能升到高档，具有发动机制动功能。

3）D 位 2 档。作用元件：超速档离合器 C0、超速档单向离合器 F0、前离合器 C1、制动器 B2、单向离合器 F1。

4）2 档。作用元件：超速档离合器 C0、超速档单向离合器 F0、前离合器 C1、制动器 B1。

2 档为闭锁 2 档，不能升到高档，具有发动机制动功能。

5）D 位 3 档。作用元件：超速档离合器 C0、超速档单向离合器 F0、前离合器 C1、后离合器 C2。

6）O/D 档（超速档）。作用元件：超速档制动器 B0、前离合器 C1、后离合器 C2。

7）R 档（倒档）。作用元件：超速档离合器 C0、超速档单向离合器 F0、后离合器 C2、制动器 B3。

11.2　自动变速器的基本检查

自动变速器检查和试验的目的是确定故障的原因和部位，从而确定相应的修理方法，一般包括基本检查、失速试验、时滞试验、油压试验、手动档试验和道路试验等。

（1）油面检查　在对自动变速器进行检查或故障诊断前，首先要对变速器油面高度进行检查。其具体检查方法如下：

1）将汽车停放在水平地面上，并拉紧驻车制动器手柄。

2）让发动机怠速运转 1min 以上。

3）踩住制动踏板，将变速杆拨至倒档（R）、前进档（D）、前进低档（S、L 或 2、1）等位置，并在每个档位上停留几秒钟，使液力变矩器和所有的换档执行元件中都充满液压油。最后，将变速杆拨至停车档（P）。

4）拔出自动变速器油尺，将其擦净后全部插入原处再拔出，检查油尺上的油面高度。

若油面高度过低，应从加油管处添加合适的自动变速器油，直至油面高度符合标准为止。

（2）油质检查　正常自动变速器油的颜色一般为粉红色，且无气味。如果自动变速器油呈棕色或有焦味，说明已变质，应立即换油。目前，国内进口轿车自动变速器通常使用DEXRON-Ⅱ型自动变速器油。这种油稳定性好，使用寿命长。注意：切不可用齿轮油或机油代替自动变速器油，否则会造成自动变速器的严重损坏。

（3）自动变速器油的更换　自动变速器油更换的具体方法如下：

1）车辆运行至自动变速器达到正常工作温度（70~80℃）后停车熄火。

2）拆下自动变速器油底壳上的放油螺塞，将油底壳内的自动变速器油放净。

3）拆下油底壳，将油底壳清洗干净。有些自动变速器的油底壳上的放油螺塞为磁性螺塞，也有些自动变速器在油底壳内专门放置一块磁铁用来吸附铁屑。清洗时，将螺塞或磁铁上的铁屑清洗干净后才能放回。

4）拆下自动变速器液压油散热器油管接头，用压缩空气将散热器内的残余自动变速器油吹出，接好管接头。

5）装好管接头和放油螺塞。

6）从自动变速器加油管中加入规定牌号的自动变速器油。一般自动变速器油底壳内的储油量约为4L。

7）起动发动机，检查自动变速器油面高度。要注意由于新加入的油液温度较低，油面高度应在油尺刻线的下限附近。如果过低，应继续加油至规定油面高度。

8）让汽车行驶至发动机和自动变速器达到正常工作温度，再次检查油面高度是否在油尺刻线的上限附近。如果过低，应继续加油直至满足规定要求为止。

9）如果不慎加入过多自动变速器油，使油面高于规定的高度，切不可凑合使用。当油面过高时，行驶中油液被行星排剧烈地搅动，会产生大量的泡沫，这些带有泡沫的自动变速器油进入油泵和控制系统后，对自动变速器的工作极为不利。其后果和油面高度不足一样，会造成油压过低，导致自动变速器内的摩擦元件打滑磨损。因此，油面过高时应把油放掉一些。有放油螺塞的自动变速器只要把螺塞打开即可放油，没有放油螺塞的自动变速器在做少量放油时，可从加油管处往外吸。

（4）怠速检查　如果怠速过高，会使自动变速器工作不正常，出现换档冲击等故障。如果怠速过低，轻则引起汽车车身振动，重则导致发动机熄火。因此，在对自动变速器做进一步检查之前，应先检查发动机的怠速是否正常。检查怠速时，应将变速杆置于停车档（P）或空档（N）。通常装有自动变速器的汽车发动机怠速为600~800r/min。若发动机的怠速过低或过高，都应予以调整。

11.3　电控液力自动变速器的性能试验

自动变速器不宜拆装，当自动变速器出现故障或工作不正常时，首先应利用各种检测工具和手段，按照合理的程序和步骤查出故障原因，以便有针对性地进行维修。

对于有故障的自动变速器应先进行性能检测，以确认其故障范围，为进一步分解修理自

动变速器提供依据。自动变速器在修理完毕后，应进行全面的性能检验，以保证自动变速器的各项性能指标达到标准要求。

（1）失速试验　在变速杆置于前进档或倒档时，踩住制动踏板并完全踩下加速踏板时，发动机处于最大转矩工况，而此时自动变速器的输出轴和输入轴均静止不动，变矩器的涡轮不动，只有变矩器壳及泵轮随发动机一起转动，此工况称为失速工况。失速工况下发动机的转速称为失速转速。失速试验用于检查发动机输出功率、变矩器及自动变速器中制动器和离合器等换档执行元件的工作是否正常，如图4-27所示。

1）准备工作。

① 让汽车行驶至发动机和自动变速器均达到正常工作温度。

② 检查汽车的行车制动和驻车制动，确认其性能良好。

③ 检查自动变速器油油面高度，应正常。

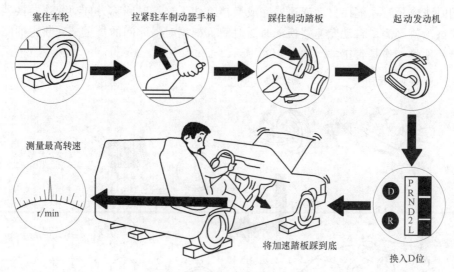

图4-27　失速试验

2）试验步骤。

① 将汽车停放在宽阔的水平路面上，前、后车轮用三角木塞住。

② 拉紧驻车制动器手柄，左脚用力踩住制动踏板。

③ 起动发动机。

④ 将变速杆拨入 D 位。

⑤ 在左脚踩紧制动踏板的同时，用右脚将加速踏板踩到底，在发动机转速上升至稳定时，迅速读取此时发动机的转速。

⑥ 读取发动机转速后，立即松开加速踏板。

⑦ 将变速杆拨入 P 位或 N 位，让发动机怠速运转 1min，以防止自动变速器油因温度过高而变质。

⑧ 将变速杆拨至其他档位（R、L 或 2、1），做同样试验。

在失速工况下，发动机的动力全部消耗在变矩器内自动变速器油的内部摩擦损失上，自动变速器油的温度急剧上升，因此在失速试验中，从加速踏板踩下到松开的整个过程的时间不得超过 5s，否则会使自动变速器油温度过高而变质，甚至损坏密封圈等零件。在每一个档位试验完成之后，不要立即进行下一个档位的试验，要等油温下降之后进行。试验结束后不要立即熄火，应将变速杆拨至空档或停车档，让发动机怠速运转几分钟，以便让自动变速器油温度降至正常。如果在试验中发现驱动轮因制动力不足而转动，应立即松开加速踏板停止试验。

不同车型的自动变速器都有其失速转速标准，大部分自动变速器的失速转速标准为2300r/min左右。若失速转速与标准值相符，说明自动变速器的油泵、主油路油压及各个换档执行元件工作基本正常；若失速转速高于标准值，说明主油路油压过低或换档执行元件打滑。若失速转速低于标准值，则可能是发动机动力不足或液力变矩器有故障。例如，当液力变矩器中的导轮单向离合器打滑时，液力变矩器在液力偶合工况下工作，其变矩比下降，从而使发动机的负荷增大，转速下降。

（2）时滞试验　在发动机怠速运转时将变速杆从空档拨至前进档或倒档后，需要有一段时间的时滞或延时才能使自动变速器完成换档工作，这一时间称为自动变速器换档时滞时间。时滞试验就是测量自动变速器换档时滞时间，根据时滞时间的长短来判断主油路油压及换档执行元件的工作是否正常，如图4-28所示。

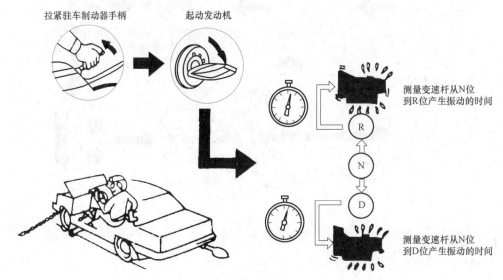

图4-28　时滞试验

时滞试验步骤如下：

①驾驶汽车，使发动机和自动变速器达到正常工作温度。

②将汽车停放在水平路面上，拉紧驻车制动器手柄。

③检查发动机怠速，如果不正常，应按标准予以调整。

④将变速杆从空档位置拨至前进档位置，用秒表测量从拨动变速杆开始到感觉到汽车振动为止所需的时间（该时间为N～D延时时间）。

⑤将变速杆拨至N位，让发动机怠速运转1min后，再做一次同样的试验。

⑥上述试验进行3次，取其平均值。

⑦按上述方法，将变速杆由N位拨至R位，测量N～R延时时间。

大部分自动变速器N～D延时时间小于1.2s，N～R延时时间小于1.5s。若N～D延时时

间过长，说明油路油压过低，前进离合器摩擦片磨损过多或前进单向离合器工作不良；若N~R延时时间过长，说明倒档主油路油压过低、倒档离合器或倒档制动器磨损过大或工作不良。

（3）油压试验　油压试验是在自动变速器运转时，对控制系统各油路中的油压进行测量，为分析自动变速器的故障提供依据，以便于有针对性地进行修复。

1）油压试验的准备。

① 驾驶汽车，使发动机及自动变速器达到正常工作温度。

② 将汽车停放在水平路面上，检查发动机怠速和自动变速器油的油面高度。如果不正常，应进行调整。

③ 准备一个量程为 2MPa 的压力表。

④ 找出自动变速器各个油路测压孔的位置。通常在自动变速器外壳上有数个四方头螺塞堵住的用于测量不同油路油压的测压孔。如果没有资料确定各油路的测压孔时，可用举升器将汽车升起，在发动机运转时分别将各个测压孔螺塞松开少许，观察各测压孔在变速杆位于不同档位时是否有油液流出，以此判断各油路测压孔的位置。

2）油压试验步骤。以丰田自动变速器主油路油压测试为例说明油压试验步骤，如图 4-29 所示。

图 4-29　油压试验

① 前进档主油路油压测试。拆下自动变速器壳体上主油路测压孔或前进档油路测压螺塞，接上油压表。起动发动机，将变速杆拨至前进档，读出发动机怠速运转时的油压，该油压即为怠速工况下的前进档主油路油压。用左脚踩紧制动踏板，同时用右脚将加速踏板完全踩下，在失速工况下读取油压，该油压即为失速工况下的前进档主油路油压。将变速杆拨至空档或停车档，让发动机怠速运转 1min 以上。将变速杆拨至各个前进低速档位置，重复上

述步骤，读出各个前进低速档在怠速工况和失速工况下的主油路油压。

② 倒档主油路油压测试。拆下自动变速器壳体上主油路测压孔或倒档油路测压孔螺塞，接上油压表。起动发动机，将变速杆拨至倒档，读出发动机怠速运转时的油压，该油压即为怠速工况下的倒档主油路油压。用左脚踩紧制动踏板，同时用右脚将加速踏板完全踩下，在失速工况下读取油压，该油压即为失速工况下的倒档主油路油压。将变速杆拨至空档或停车档，让发动机怠速运转 1min 以上，将测得的主油路油压与标准值进行比较。

不同车型自动变速器的主油路油压不完全相同。若主油路油压不正常，说明油泵或控制系统有故障。

（4）手动换档试验　自动变速器可进行手动换档试验确定故障出在电子控制系统还是其他部位。手动换档试验是将电控自动变速器所有换档电磁阀的线束连接器全部脱开，此时 ECU 不能控制换档，自动变速器的档位取决于变速杆的位置。不同车型电控自动变速器在脱开换档电磁阀线束连接器后的档位和操纵手柄的关系不完全相同。丰田轿车电控自动变速器在脱开换档电磁阀线束连接器后的档位和操纵手柄位置的关系见表 4-2。

表 4-2　丰田轿车档位和操纵手柄位置的关系

手柄位置	档位	手柄位置	档位
P	停车档	D	超速档
R	倒档	2	三档
N	空档	L	一档

手动换档试验的步骤如下：

① 脱开电控自动变速器所有换档电磁阀的线束连接器。

② 起动发动机，将变速杆拨至不同位置，然后做道路试验。

③ 观察发动机转速和车速的对应关系，以判断自动变速器所处的档位。

④ 若变速杆位于不同位置时自动变速器所处的档位与表 4-2 相同，说明电控自动变速器的阀板及换档执行元件工作正常。否则，说明自动变速器的阀板或换档执行元件有故障。

⑤ 试验结束后接上电磁阀线束连接器。

⑥ 清除 ECU 中的故障码，防止因脱开电磁阀线束连接器而产生的故障码保存在 ECU 中，影响自动变速器的故障自诊断工作。

（5）道路试验　道路试验是诊断、分析自动变速器故障的最有效手段之一。此外，自动变速器在修复后也应进行道路试验，以检查其工作性能、检验修理质量。自动变速器的道路试验内容主要有检查换档车速、检查换档质量及检查换档执行元件有无打滑。在道路试验之前，应让汽车以中低速行驶 5~10min，让发动机和自动变速器都达到正常工作温度。在试验中，如果无特殊需要，通常将超速档开关置于 ON 位置，并将模式选择开关置于标准模式或经济模式位置。道路试验的方法如下：

1）升档检查。将变速杆拨至前进档位置，踩下加速踏板，使节气门保持在 1/2 开度左右，让汽车起步加速，检查自动变速器的升档情况。在自动变速器升档时，发动机会有瞬时的转速下降，同时车身有轻微的闯动感。正常情况下，汽车起步后随着车速的升高，试车者能感觉到自动变速器可顺利地由一档升入二档，随后由二档升入三档，最后升入超速档。若自动变速器不能升入高档，说明控制系统或换档执行元件有故障。

2）升档车速的检查。将变速杆拨至前进档位置，踩下加速踏板并使节气门保持某一固定开度，让汽车起步并加速。当觉察到自动变速器升档时，记下升档车速。一般四档自动变速器在节气门开度保持在1/2时，由一档升至二档的车速为25~35km/h，由二档升至三档的车速为55~70km/h，由三档升至四档的车速为90~120km/h。由于升档车速和节气门开度有很大的关系，即节气门开度不同时，升档车速也不同，而且不同车型的自动变速器各档传动比的大小都不同，其升档车速也不完全一样。因此，只要升档车速基本上保持在上述范围内，而且汽车行驶中加速良好、无明显的换档冲击，都可认为升档车速正常。若汽车行驶中加速无力，升档车速明显低于上述范围，说明升档车速过低（即升档过早）；若汽车行驶中有明显的换档冲击，升档车速明显高于上述范围，说明升档车速过高（即升档太迟）。

3）升档时发动机转速的检查。对于有发动机转速表的汽车，在做自动变速器道路试验时，应注意观察汽车在行驶中发动机转速的变化情况（它是判断自动变速器工作是否正常的重要依据之一）。在正常情况下，若自动变速器处于经济模式或标准模式，节气门保持在小于1/2开度，则在汽车由起步加速直至升入高速档的整个过程中，发动机的转速都将低于3000r/min。通常在加速至即将升档时发动机转速可达到2500~3000r/min，在刚刚升档后的短时间内发动机转速下降至2000r/min左右。如果在整个行驶过程中发动机转速始终过低，加速至升档时仍低于2000r/min，说明升档时间过早或发动机动力不足；如果在行驶过程中发动机转速始终偏高，升档前后的转速在2500~3000r/min之间，而且换档冲击明显，说明升档时间过迟；如果在行驶过程中发动机转速过高，经常高于3000r/min，在加速时达到4000~5000r/min，甚至更高，则说明自动变速器换档执行元件打滑，应拆修自动变速器。

4）换档质量的检查。换档质量的检查主要是检查有无换档冲击。正常的电控自动变速器的换档冲击应十分微弱。若换档冲击过大，说明自动变速器的控制系统或换档执行元件有故障，其原因可能是油路油压过高或换档执行元件打滑，应做进一步的检查。

5）锁止离合器工作状况的检查。自动变速器变矩器的锁止离合器工作是否正常，可通过道路试验进行检查。试验中，让汽车加速至超速档，以高于80km/h的车速行驶，并让节气门开度保持在小于1/2的位置，使变矩器进入锁止状态。此时，快速将加速踏板踩下至2/3开度，同时检查发动机转速的变化情况。若发动机转速没有太大变化，说明锁止离合器处于接合状态；反之，若发动机转速升高很多，则表明锁止离合器没有接合，其原因通常是锁止控制系统有故障。

6）发动机制动作用的检查。检查自动变速器有无发动机制动作用时，应将变速杆拨至前进低档位置，在汽车以二档或一档行驶时，突然松开加速踏板，检查发动机是否有制动作用。若松开加速踏板后车速立即下降，说明有发动机制动作用；否则说明控制系统或前进强制离合器有故障。

7）强制降档功能的检查。检查自动变速器强制降档功能时，应将变速杆拨至前进档位置，保持节气门开度为1/3左右，在以二档、三档或超速档行驶时突然将加速踏板完全踩到底，检查自动变速器是否被强制降低一个档位。在强制降档时，发动机转速会突然上升至4000r/min左右，并随着加速升档转速逐渐下降。若踩下加速踏板后没有出现强制降档，说明强制降档功能失效。若在强制降档时发动机转速上升过高，达5000~6000r/min，并在升档时出现换档冲击，则说明执行元件打滑，应拆修自动变速器。

8）P位的检查。车辆在倾斜坡道（斜率9%）上停车，同时换入P位，逐渐地放开驻车制动器手柄，检查制动效果。为了安全需要预防车辆滑移及溜车。

11.4　自动变速器的检修

（1）故障自诊断　电控自动变速器ECU内部有一个故障自诊断电路，它能在汽车行驶过程中不断检测自动变速器控制系统各部分的工作情况，并将检测到的故障以代码的形式存储在ECU存储器中。维修人员可以通过读取故障码确定故障部位，以便进行维修。

1）利用汽车故障检测仪读取故障代码。

通过专用或通用的汽车故障检测仪和解码器，可以对电控自动变速器的控制系统进行以下几种检测。

① 读取故障码：读出储存在汽车自动变速器ECU内的故障码，并显示出故障码的含义，为检修自动变速器的控制系统提供可靠的依据。

② 进行数据传送：许多车型的ECU运行中会将各种输入、输出信号的瞬时值以串行输送的方式，经故障检测插座内的数据传输插孔向外传送。电脑检测仪可以将这些数值以数据流的方式在检测仪的屏幕上显示出来，使整个控制系统的工作一目了然。

③ 清除ECU储存的故障码。清除故障码后，进行道路试验，检查自动变速器原先发生故障时的现象是否消失，并通过故障码指示灯看是否显示正常。否则，须再次进行诊断和修理。

2）人工读取故障码。

不同车型的电控自动变速器故障码的人工读取方法各不相同。目前大部分车型的人工读取方法是：用一根导线将故障检测仪插座内特定的两个插孔短接，然后通过观察仪表板上自动变速器故障码指示灯的闪烁规律读取故障码。不同车型的汽车故障检测仪插座形状及插孔分布各不相同。故障码的含义可查阅相应的维修手册。

（2）液力变矩器的检修　轿车自动变速器的液力变矩器的外壳是采用焊接式的整体结构，不可分解。液力变矩器内部，除了导轮的单向超越离合器和锁止离合器压盘之外，没有互相接触的零件，因此在使用中基本上不会出现故障。液力变矩器的维修工作主要是清洗和检查。

（3）换档执行机构的检修

1）行星排、单向超越离合器的检修。

① 检查太阳轮、行星轮和齿圈的齿面，如果有磨损或疲劳剥落，应更换整个行星排。

② 检查行星轮与行星架之间的间隙，其标准间隙为0.2~0.6mm，最大不得超过1.0mm，否则应更换止动垫片或行星架和行星轮组件。

③ 检查太阳轮、行星架、齿圈等零件的轴径或滑动轴承处有无磨损，如果有异常，应更换新件。

④ 检查单向超越离合器。如果滚柱破裂、滚珠保持架断裂或内外圈滚道磨损起槽，应更换新件；如果在锁止方向上打滑或在自由转动方向上卡滞，应更换。

2）多片离合器的检修。

① 检查离合器摩擦片的使用极限。

② 检查离合器间隙。

3）制动器的检修。

① 检查外观。

② 检查制动鼓。

③ 检修伺服装置。

④ 检修片式制动器（可参照多片离合器的检修）。

（4）液压控制系统检修

1）液压泵的检修。

① 用塞尺检查齿轮与泵体之间的间隙。

② 用塞尺检查液压泵内齿和月牙形隔板之间的间隙。

③ 用钢直尺和塞尺检测齿轮和泵壳之间的间隙。

2）阀体的检修。阀体是自动变速器中最精密的部件之一，它的性能直接影响自动变速器的换档规律是否正常。只有在自动变速器换档规律失常，或摩擦片严重烧毁、阀板内沾有大量摩擦粉末时，才对阀板进行拆检修理。目前汽车生产厂家均严禁进行阀体维修。

3）变速器油冷却器的检修。

① 检查变速器油冷却器及油管各接头处有无漏油。若漏油，应更换相应接头处的 O 形密封圈。

② 检查冷却器或油管是否破裂。如破裂，应更换或拆下焊修后装回。

③ 检查冷却器是否堵塞。

（5）电子控制系统检修　电控自动变速器电控系统中的传感器、执行器、开关等零部件产生故障，都会对自动变速器的工作产生影响。利用故障检测仪读取故障码，可以找出控制系统大部分故障的大致范围，但要确定故障所在的具体部件，还必须进一步用万用表等工具，按照维修手册中提供的检测方法、检测步骤及标准数值，对各个零件进行检测。另外，一些执行器的机械故障是无法被 ECU 故障自诊断电路检测出来，只有通过实际检测才能发现。

1）节气门位置传感器的检修。将测量结果与标准值进行比较，如果有不符，应更换或调整节气门位置传感器。

2）车速传感器和输入轴转速传感器的检修。通过用万用表测量车速传感器或输入轴转速传感器两接线端之间的电阻值，判断是否有感应线圈短路、断路或电阻值不符合标准等故障。如果传感器有故障，应更换。

3）冷却液温度传感器和液压油温度传感器的检修。如果不符合标准，应更换传感器。

4）开关式电磁阀的检修。将 12V 电源施加在电磁阀线圈上，此时应能听到电磁阀工作时的"咔嗒"声，否则说明阀芯卡住，应更换电磁阀。

另外，接上电源后，进油孔和泄油孔之间应不通气，否则说明电磁阀损坏，应更换。

5）脉冲线性式电磁阀的检修。用万用表测量电磁阀线圈的电阻，其电阻值较小，一般为 2～10Ω。若电磁线圈短路、断路或电阻值不符合标准，应更换。

6）ECU 及其控制电路的维修。ECU 及其控制电路的故障可以用该车型的电子检测仪或通用解码器来检测。这些仪器可以准确地检测出 ECU 及其控制电路的故障。

11.5 自动变速器不能升档的故障原因分析

1）节气门位置传感器调整不当。
2）车速传感器有故障。
3）二档制动器或高档离合器有故障。
4）换档阀卡滞。
5）档位开关有故障。

11.6 自动变速器不能升档的故障诊断

1）进行故障自诊断。影响换档控制的传感器有节气门位置传感器、车速传感器等。按所显示的故障码查找故障原因。
2）按标准重新调整节气门位置传感器。
3）检查车速传感器，如果有损坏，应予以更换。
4）检查档位开关的信号，如果有异常，应予以调整或更换。
5）拆卸阀板，检查各个换档阀，换档阀若有卡滞，可将阀芯取出，用金相砂纸抛光、清洗后装入。如果不能修复，应更换阀板。
6）若控制系统无故障，应分解自动变速器，检查各个换档执行元件有无打滑现象，用压缩空气检查各个离合器、制动器油路或活塞有无泄漏。

知识拓展

电控液力自动变速器的故障诊断

汽车自动变速器在使用中，随着技术状况的下降会出现一系列故障，常见的故障会通过一定的现象表现出来。不同车型由于结构上有所不同，其故障原因会有所差异，但故障产生的常见原因和诊断排除方法是基本相同的。

（1）自动变速器油易变质

1）现象。

① 更换后的自动变速器油使用不久即变质。

② 自动变速器温度太高，从加油口处向外冒烟。

2）原因。

① 汽车使用不当，经常超负荷行驶，如经常用于拖车，或经常急速、超速行驶等。

② 自动变速器油散热器堵塞。

③ 通往自动变速器油散热器的限压阀卡滞。

④ 离合器或制动器自由间隙太小。

⑤ 主油路油压太低，离合器或制动器在工作中打滑。

3）诊断与排除方法。

① 让汽车以中低速行驶 5~10min，待自动变速器达到正常工作温度后，在发动机运转

过程中检查自动变速器油散热器的温度。在正常情况下，自动变速器油散热器的温度可达70~80℃。若自动变速器油散热器的温度过低，说明油管堵塞，或通往自动变速器油散热器的限压阀卡滞。这样，自动变速器油得不到及时的冷却，油温过高，导致变质。

②　若自动变速器油散热器的温度太高，说明离合器或制动器自由间隙太小。对此，应拆卸自动变速器，予以调整。

③　若自动变速器油温度正常，应测量主油路油压。若油压太低，应检查节气门位置传感器的调整情况。若节气门位置传感器安装正常，应拆卸自动变速器，检查油泵是否磨损严重、阀板内的主油路调压阀和油压电磁阀有无卡滞、主油路有无漏油处。

（2）无前进档

1）现象。

①　汽车倒档行驶正常，在前进档时不能行驶。

②　变速杆在D位时不能起步，在S位（运动档）、L位时可以起步。

2）原因。

①　前进离合器严重打滑。

②　前进单向超越离合器打滑或装反。

③　前进离合器油路严重泄漏。

④　操纵手柄调整不当。

3）诊断与排除方法。

①　检查变速杆的调整情况。如果异常，应按规定程序重新调整。

②　测量前进档主油路油压，若油压过低，说明主油路严重泄漏，应拆检自动变速器，更换前进档油路上各处的密封圈和密封环。

③　若前进档的主油路油压正常，应拆检前进离合器。如果摩擦片表面粉末冶金有烧焦或磨损严重，应更换摩擦片。

④　若主油路油压和前进离合器均正常，则应拆检前进单向超越离合器，检查前进单向离合器的安装方向是否正确以及有无打滑。如果装反，应重新安装；如果打滑，应更换新件。

（3）无倒档

1）现象。汽车在前进档能正常行驶，但在倒档时不能行驶。

2）原因。

①　变速杆调整不当。

②　倒档油路泄漏。

③　倒档及高档离合器或低档及倒档制动器打滑。

3）诊断与排除方法。

①　检查变速杆的位置，如果异常，应按规定程序重新调整。

②　检查倒档油路油压，若油压过低，则说明倒档油路泄漏，应拆检自动变速器，予以修复。

③　若倒档油路油压正常，应拆检自动变速器，更换损坏的离合器片或制动器片（制动带）。

（4）无超速档

1）现象。在汽车行驶中，车速已经达到超速档工作范围，但自动变速器仍不能从三档换入超速档；在车速已经达到超速档工作范围后，采用提前升档（即松开加速踏板几秒后再踩下）的方法也不能使自动变速器升入超速档。

2）原因。

① 超速档开关有故障。

② 超速电磁阀有故障。

③ 超速行星齿轮机构上的直接离合器或直接单向超越离合器卡死。

④ 档位开关有故障。

⑤ 自动变速器油温度传感器有故障。

⑥ 节气门位置传感器有故障。

⑦ 三档—四档换档阀卡滞。

3）诊断与排除方法。

① 对于电控自动变速器，应先进行故障自诊断，检查有无故障码。自动变速器油温度传感器、节气门位置传感器、超速电磁阀等部件的故障都会影响超速档的换档控制。如果有故障码输出，则按显示的故障码查找故障原因。

② 检查自动变速器油温度传感器在不同温度下的电阻值，并与标准值进行比较。如果异常，应更换自动变速器油温度传感器。

③ 检查档位开关和节气门位置传感器的信号。档位开关的信号应和换档操纵手柄的位置一致。节气门位置传感器的电阻或输出电压应能随节气门的开大而上升，并与标准值相符，如果异常，应予以调整。若调整无效，应更换档位开关或节气门位置传感器。

④ 检查超速档开关。在 ON 位置时，超速档开关的触点应断开，仪表板上的超速档指示灯（O/D OFF 指示灯）不亮；在 OFF 位置时，超速档开关的触点应闭合，超速档指示灯（O/D OFF）指示灯应亮起。如果异常，应检查电路或更换超速档开关。

⑤ 检查超速电磁阀的工作情况。打开点火开关（ON），但不要起动发动机，在按下超速档开关时，检查超速电磁阀有无工作声音。如果超速电磁阀不工作，应检查控制电路或更换超速电磁阀。

（5）跳档

1）现象。汽车以前进档行驶时，即使加速踏板保持不动，自动变速器仍经常出现突然降档现象；降档后发动机转速异常升高，并产生换档冲击。

2）原因。

① 节气门位置传感器有故障。

② 车速传感器有故障。

③ 控制系统电路搭铁不良。

④ 换档电磁阀接触不良。

⑤ ECU 有故障。

3）诊断与排除方法。

① 进行故障自诊断，如果有故障码，则按所显示的故障码查找故障原因。

② 测量节气门位置传感器，如果有异常，应更换。

③ 测量车速传感器，如果有异常，应更换。

④ 检查控制系统电路各条搭铁线的搭铁状态，如果有搭铁不良现象，应予以修复。

⑤ 拆检自动变速器油底壳，检查各个换档电磁阀线束接头的连接情况，如果有松动，应予以修复。

⑥ 检查控制系统 ECU 各接线脚的工作电压，如果有异常，应予以修复或更换。

⑦ 换一个新的阀板或 ECU 进行测试，如果故障消失，说明原阀板或 ECU 损坏，应更换。

⑧ 更换控制系统所有线束。

（6）不能强制降档

1）现象。当汽车以三档或超速档行驶时，突然将加速踏板踩到底，自动变速器不能立即降低一个档位，致使汽车加速无力。

2）原因。

① 节气门位置传感器调整不当。

② 强制降档开关损坏或安装不当。

③ 强制降档电磁阀损坏或电路短路、断路。

④ 阀板中的强制降档控制阀卡滞。

3）诊断与排除方法。

① 检查节气门位置传感器的安装情况，如果有异常，应按标准重新调整。

② 检查强制降档开关。在将加速踏板踩到底时，强制降档开关的触点应闭合；松开加速踏板时，强制降档开关的触点应断开。如果加速踏板踩到底时强制降档开关触点没有闭合，可用手直接按动强制降档开关。如果按下开关后触点闭合，说明开关安装不当，应重新调整；如果按下开关后触点仍不闭合，说明开关损坏，应予以更换。

③ 对照电路图，在自动变速器线束插头处测量强制降档电磁阀。如果有异常，则故障原因是电路短路、断路或电磁阀损坏。对此，应检查电路或更换电磁阀。

④ 打开自动变速器油底壳，拆下强制降档电磁阀，检查电磁阀的工作情况。如果异常，应予以更换。

⑤ 拆卸阀板总成，分解、清洗、检查强制降档控制阀。阀芯如果卡滞，可进行抛光；若无法修复，则应更换阀板总成。

（7）汽车不能行驶

1）现象。

① 变速杆位于倒档、前进档或前进低档，汽车都不能行驶。

② 冷车起动后汽车能行驶一小段路程，但热车状态下起动后不能行驶。

2）原因。

① 自动变速器油底壳渗漏，自动变速器油全部漏光。

② 变速杆和手动阀摇臂之间的连杆或拉索松脱，手动阀保持在空档或停车档位置。

③ 油泵进油滤网堵塞。

④ 主油路严重泄漏。

⑤ 油泵损坏。

3）诊断与排除方法。

① 检查自动变速器内有无自动变速器油。

② 检查变速杆与手动阀摇臂之间的连杆或拉索有无松脱。

③ 检查测压孔内有无自动变速器油流出。

④ 若主油路测压孔内无自动变速器油流出。应打开油底壳，检查手动阀摇臂轴与摇臂间有无松脱，手动阀阀芯有无折断或脱钩。若手动阀工作正常，则说明油泵损坏。对此，应拆卸分解自动变速器，更换油泵。

⑤ 若主油路测压孔内只有少量自动变速器油流出，油压很低或基本上没有油压，应打开油底壳，检查油泵进油滤网有无堵塞。如果无堵塞，说明油泵损坏或主油路严重泄漏，应拆卸分解自动变速器，予以修理。

⑥ 若冷车起动时主油路有一定的油压，但热车后油压即明显下降，说明油泵磨损严重，应更换油泵。

⑦ 若测压孔内有大量自动变速器油喷出，说明主油路油压正常，故障发生在自动变速器中的输入轴、行星排或输出轴。对此，应拆检自动变速器。

(8) 无发动机制动

1) 现象。

① 在行驶中，当变速杆位于前进低速档（S、L 或 2、1）位置时，松开加速踏板，发动机转速降至怠速，但汽车没有明显减速。

② 下坡时，变速杆位于前进低档，但不能产生发动机制动作用。

2) 原因。

① 档位开关调整不当。

② 变速杆调整不当。

③ 二档强制制动器打滑或低速档及倒档制动器打滑。

④ 控制发动机制动的电磁阀有故障。

⑤ 阀板有故障。

⑥ 自动变速器打滑。

⑦ ECU 有故障。

3) 诊断与排除方法。

① 进行故障自诊断，按所显示的故障码查找故障原因。

② 做道路试验，检查加速时自动变速器有无打滑现象。如果打滑，应拆修自动变速器。

③ 如果变速杆位于 S 位时没有发动机制动作用，但变速杆位于 L 位时有发动机制动作用，则说明二档强制制动器打滑，应拆修自动变速器。

④ 如果变速杆位于 L 位时没有发动机制动作用，但变速杆位于 S 位时有发动机制动作用，则说明低速档及倒档制动器打滑，应拆修自动变速器。

⑤ 检查控制发动机制动作用的电磁阀电路有无短路或断路，电磁阀线圈电阻是否正常，通电后有无工作声音。如果异常，应修复或更换。

⑥ 拆卸阀板总成，清洗所有控制阀。阀芯如果卡滞可抛光后装复，若抛光后仍有卡滞，应更换阀板。

⑦ 检测 ECU 各接脚电压，要特别注意与节气门位置传感器、档位开关连接的各接脚的电压。如果异常，应做进一步检查。

⑧ 更换一个新的 ECU 测试一下，如果故障消失，说明原 ECU 损坏，应更换。

作　业

完成"学习工作页"4.3 的测试题和实训 4。

任务 12　无级自动变速器（CVT）汽车耸车的故障诊断与维修

任务接受

客户报修：一辆 2008 年产一汽-大众奥迪 A6L 轿车，该车搭载 2.4L 发动机和 01T 型链传动无级变速器（CVT）。据用户介绍，该车因前进档起步及低速范围加速时严重耸车而报修，特别是反复松开再踩下加速踏板时耸车特别明显。有时车辆无法加速，同时仪表档位指示灯全红，此时耸车现象加剧。据客户反映，这种耸车现象很早就有了，因为早期故障不明显，只是给变速器换油保养，情况有所好转。

这种现象多是由变速器缺油造成零部件烧坏造成的，但要判断是哪些部位或零件故障，还需对 CVT 内部结构及其工作原理有较深的了解才能推断出，进而完成对变速器的故障诊断与维修。

任务准备

12.1　无级变速器（CVT）的构造与工作原理

无级变速器（Continuously Variable Transmission，CVT）与液力传动自动变速器相比，操纵方便性和乘坐舒适性相差无几，而其传动效率远高于液力变矩器，更优异的是它能很好地协调车辆外界行驶条件与发动机负载，充分发挥发动机动力，提高整车燃油经济性。从理论上讲 CVT 可使发动机始终在经济工况下运行。另外，CVT 的牵引性能非常优异，在汽车加速时无需切断动力，能显著地提高超车性能。

鉴于奥迪的 01J 型 CVT 具有的代表性，本节将重点介绍奥迪 01J 型 CVT 的结构、工作原理和故障检测与维修。

1. 无级变速器（CVT）的基本结构

（1）奥迪 01J 型 CVT 的基本组成

奥迪 01J 型 CVT 主要由飞轮减振装置、前进档离合器、倒档制动器、行星齿轮机构、速比变换器、液压控制系统和 ECU 组成，如图 4-30、图 4-31 和图 4-32 所示。

发动机输出转矩通过飞轮减振装置或双质量飞轮传递给变速器，前进档离合器和倒档制

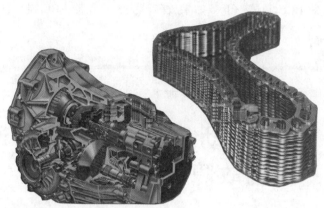

图 4-30　奥迪 01J 型 CVT 解剖图

图 4-31　奥迪 01J 型 CVT 解体零件图

动器都是湿式摩擦元件，两者均为起动装置。倒档的旋转方向通过行星齿轮机构改变。发动机的转矩通过辅助减速齿轮传到速比变换器，并由此传到主减速器、差速器。液压控制系统和电控系统集成一体，位于变速器内部。

（2）01J 型自动变速器的动力传递　01J 型自动变速器的传动简图如图 4-33 所示。发动机动力通过飞轮减振装置或双质量飞轮传递给变速器输入轴，输入轴动力通过行星齿轮机构、一对辅助变速齿轮传动组，传递到传动链轮机构，通过传动链轮无级变速后，动力经过主减速器和差速器，传递到驱动轮。

飞轮减振装置的结构和工作原理与离合器中的扭转减振器相同。它与双质量飞轮一样可

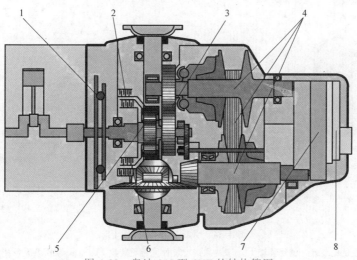

图 4-32　奥迪 01J 型 CVT 的结构简图

1—飞轮减振装置　2—倒档离合器　3—辅助减速齿轮档　4—传动链变速器
5—行星齿轮系　6—前进档离合器　7—液压控制单元　8—变速器控制单元

减缓扭转振动，并保证发动机低噪声运转。由于 4 缸发动机运转不及 6 缸发动机平稳，因此 4 缸发动机使用双质量飞轮。

01J 型自动变速器的关键部件是由传动链轮实现的无级变速器。它可允许变速比在最小和最大变速比之间无级调节，能提供一个合适的传动比，使发动机总是工作在最佳转速范围内，进而使汽车动力性或燃油经济性最优化。无级变速器由两个带锥面的盘体的主链轮装置（链轮装置 1）和副链轮装置（链轮装置 2）以及工作于两个锥形链轮组之间 V 形槽内的专用传动链组成，传动链是动力传动装置，如图 4-34 所示。链轮装置 1 是由发动机通过辅助减速齿轮驱动，发动机转矩通过传动链传递到链轮

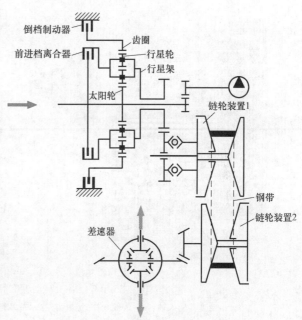

图 4-33　01J 型自动变速器的传动简图

装置 2，并由此传给主减速器。每个链轮装置中的一个链轮可沿轴向移动，调整传动链的跨度尺寸和改变传动比。两组链轮装置必须同时进行调整，保证传动链始终处于张紧状态和有足够的盘接触传动压力。

行星齿轮传动机构采用一个双行星排，主要作用是实现前进档和倒档的转换，不改变传动比。其中太阳轮（输入）与变速器输入轴和前进档离合器 C 相连接。行星齿轮支架（输出）与辅助变速齿轮档主动齿轮和倒档制动器 B 相连接。齿圈与行星齿轮和倒档制动器相连接。通过 C 结合实现前进档，通过 B 制动实现倒档。这里的 C、B 和行星齿轮传动机构结

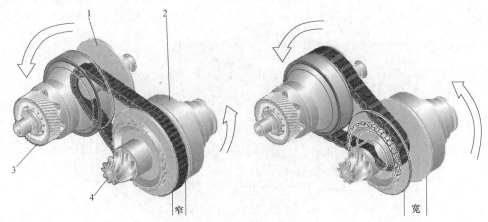

图 4-34 无级变速器的结构

1—主链轮装置（链轮装置 1） 2—副链轮装置（链轮装置 2） 3—减档力 4—驱动轮

构如图 4-35 所示，B 和 C 均采用"湿式"多片式摩擦片结构。

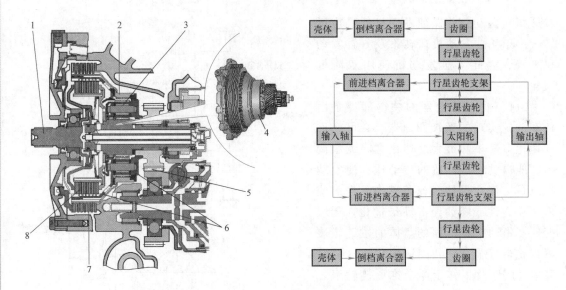

图 4-35 离合器、制动器和行星齿轮传动机构

1—变速器输入轴 2—齿圈 3—行星齿轮 4—带行星齿轮系的前进档离合器/倒档离合器

5—输入链轮装置 1（辅助减速齿轮档） 6—行星齿轮支架 7—倒档离合器 8—前进档离合器

01J 型自动变速器各档传动路线比较简单，当车辆怠速时，作为辅助减速档输入部分的行星齿轮架是静止的。齿圈以发动机转速一半的速率怠速运转，旋转方向与发动机相同；前进档离合器钢片与太阳轮连接，摩擦片与行星齿轮架相连接。前进档时，前进档离合器结合，变速器输入轴与行星齿轮架（输出）连接，行星齿轮系变成一个刚体传动，并且它与发动机转向相同，传动比为 1；倒档时，倒档制动器制动，齿圈与壳体固定在一起，不能转动，行星齿轮系的传动比为 1。这里应注意：倒车时，车速由电子装置限制，变速器保持起动时的变速比。

电子液压控制单元和变速器控制单元集成为一体，位于变速器壳体内。

2. 01J 型自动变速器主要组成零部件的结构及其工作原理

（1）机械系统

1）传动链。01J 型自动变速器传动链是新开发的，与传统的滑动带或 V 形带相比有以下优点：尽管变速器尺寸小，但很小的跨度半径却可产生很大的传动比范围；传递转矩高；效率高。

传统的传动链链节是通过链节接销非刚性连接的，为了传递转矩，齿轮与链节之间的销子啮合。01J 型自动变速器传动链应用的不同技术：相邻传动链链节通过转动压块连接成一排（每个销子连接 2 个链节），转动压块在变速器锥面链轮间"跳动"，即锥面链轮互相挤压。转矩只靠转动压块正面和锥面链轮接触面的摩擦力来传递，如图 4-36 所示。每个转动压块永久连接到一排连接轨上，通过这种方式，转动压块不可扭曲，两个转动压块组成一个转动节。转动压块相互滚动，当其在锥面链轮跨度半径范围内驱动传动链时，几乎没有摩擦。这种情况下，尽管转矩高，弯曲角度大，动力损失和磨损却降到最小，使其寿命延长并且提高了效率。

另外，01J 型自动变速器使用了两种不同的链节（图 4-36），其目的是确保传动链运转时尽可能无噪声。当使用等长的链节时，转动压块按统一间距冲击锥面链轮，这将导致振动并产生令人厌烦的噪声。使用不同长度的链节可防止共振，并减小运动噪声。

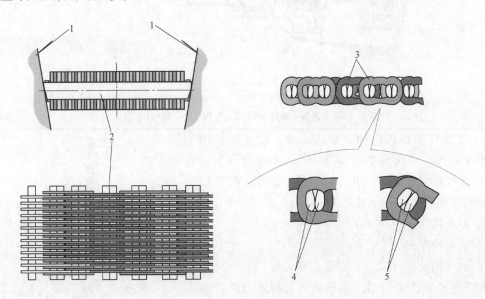

图 4-36 传动链

1—变速器锥面链轮 2、4—转动压块 3—链节 5—转动节

2）传动链轮。01J 型自动变速器传动链轮工作模式是基于双活塞原理的。它的转矩传感器集成在链轮装置 1 上。链轮装置 1 和 2 各有一个将锥面链轮压回位的分离缸（压力缸）和用于调整变速比的分离缸（变速器分离缸）。它利用少量压力油就可以很快地进行换档，这可保证在较低油压时，锥面链轮有足够的接触压力，如图 4-37 所示。

由于调整动态特性的要求，供给的压力油必须合适。为了减少油量，分离缸的表面要比压力缸小，因此调整所需油量相对较少，可获得很高的调整动力特性和较高的效率。

液压系统卸压时，链轮装置 1 的膜片弹簧和链轮装置 2 的螺旋弹簧产生一个额定的传动链条基础张紧力（接触压力）。在卸压状态下，变速器起动转矩变速比由链轮装置 2 的螺旋

弹簧的弹力调整。

3）辅助变速齿轮。由于受空间限制，动力通过辅助变速齿轮传递到传动链轮，辅助变速齿轮传动比为1.109。

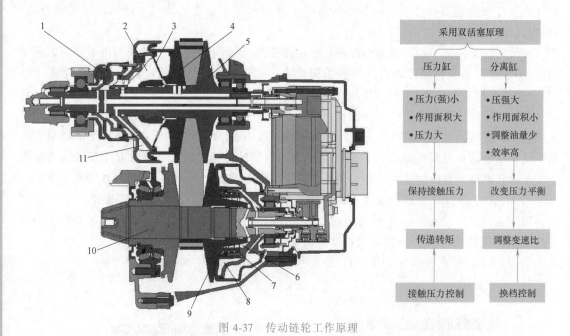

图4-37 传动链轮工作原理

1—转矩传感器 2、8—压力缸 3—膜片弹簧 4、9—变速器锥面链轮 5—链轮装置1
6、11—变速器分离缸 7—螺旋弹簧 10—链轮装置2

4）变速杆换档机构和P位停车锁。变速杆换档机构和P位停车锁机构如图4-38所示。01J型自动变速器的变速杆位置有P、R、N、D及手动换档等位置。通过变速杆可实现下述功能：

① 触发液压控制单元手动换档阀。

② 控制停车锁。

③ 触发多功能开关，识别变速杆位置。

在变速杆处于P位时，与锁止齿轮相连的连杆轴向移动，停车锁架被压向停车锁齿轮，停车锁啮合。

（2）电子控制系统 01J型自动变速器的电子控制系统主要由传感器、控制单元和执行机构等组成。

1）控制单元J217。控制单元J217集成在变速器内。控制单元直接用螺栓紧固在液压控制单元。3个压力调节阀与控制单元间直接通过坚固的插接插头（S形接头）连接，而没有连接线，用一个25针的小型插头与汽车线束相连。J217的底座为一个坚硬的铝板壳，此铝板壳可起到隔热作用。该壳体容纳全部的传感器，因此不需要线束和插头，因而没有单独线

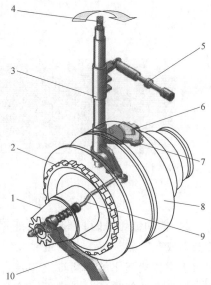

图4-38 变速杆换档机构和P位停车锁

1—驱动小齿轮 2—驻车锁止齿轮 3—变速杆
4—外换档机构动作 5—手动换档阀
6—电磁通道 7—锁止通道 8—链轮装置
9—与锁止齿轮连接 10—停车锁支架

束。线束与发动机线束集成在一起，这种结构使 J217 的可靠性大大地提高了。

控制单元 J217 具有以下功能和特点：

① 动态控制程序。

② 强制降档功能。

③ 依据行驶阻力自适应控制。

④ 与车速巡航控制系统（CCS）协调工作。

⑤ 升级程序（闪光码编程）。

⑥ 起步和转矩传递过程由电子—液压单元监控和调整。

⑦ 对离合器（制动器）的控制。

⑧ 最佳舒适模式。

⑨ 最大动力特性。

⑩ 高燃油经济性。

⑪ 过载保护。

⑫ 爬坡控制功能。

⑬ 微量打滑控制。

⑭ 离合器控制匹配。

⑮ 故障自诊断功能。

⑯ 换档控制。

2）传感器。传感器的位置如图 4-39
所示。

① 变速器输入转速传感器 G182。传
感器 G182 监测链轮 4 的转速，提供实际
的变速器输入转速。变速器输入转速与
发动机转速一起用于离合器控制和作为
变速控制的输入变化参考量。

G182 的电磁线圈匝数为 40。

如果 G182 损坏，起步加速过程可利
用固定参数完成。这时微量滑转控制和
离合器匹配功能失效。发动机转速作为
替代值，无故障码指示。

若电磁线圈受到严重污染（磨损产
生的金属碎屑）会影响 G182 正常工作。

② 变速器输出转速传感器 G195 和

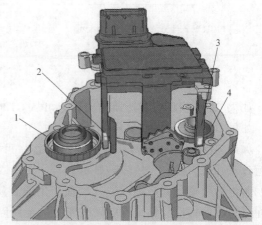

图 4-39　传感器的位置
1—G195 和 G196 传感器轮
2—变速器输出转速传感器 G195 和 G196
3—变速器输入转速传感器 G182　4—G182 传感器轮

G196。G195 和 G196 监测链轮 1 的转速，通过它识别变速器输出转速。其中，来自 G195 的
信号用于监测转速，来自 G196 的信号用来区别旋转的方向，因此可区别出汽车是向前行驶
还是向后行驶。

变速器输出转速信号用于变速控制、爬坡控制、坡道停车功能和为仪表板组件提供车速
信号。

G195 和 G196 的电磁线圈匝数为 32，安装在传感器轮背面。传感器 G195 的位置与传感

器 G196 的位置有偏差，通过此种方式，两个传感器间的相位角差 25%，如图 4-40 所示。

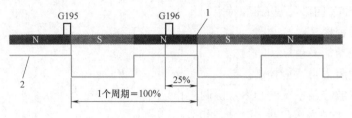

图 4-40　G195 和 G196 信号

1—传感器轮　2—来自传感器 G195/G196 的信号

点火后，控制单元观察来自两个传感器的下降沿信号并记录其他传感器位置。当来自传感器 G195 的信号为下降沿时，传感器 G196 的位置为"LOW"：当来自传感器 C196 的信号为下降沿时，传感器 G195 的位置为"HIGH"。变速器控制单元将这种"模式"理解为前进档。

当来自 G195 的信号为下降沿时，传感器 G196 的位置为"HIGH"；来自传感器 G195 的信号为下降沿时，传感器 G195 的位置为"LOW"。变速器控制单元将此"模式"理解为倒档，如图 4-41 所示。

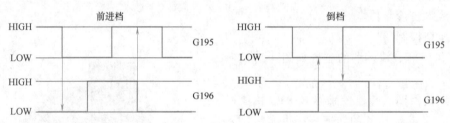

图 4-41　识别旋转方向

如果 G195 损坏，变速器输出转速可从 G196 的信号取得，但坡道停车功能失效。

如果 G196 损坏，坡道停车功能失效。

如果 G195 和 G196 两个传感器都损坏，可从轮速信号获取替代值（通过 CAN 总线），坡道停车功能失效，无故障码显示。

若电磁线圈受到严重污染（磨损产生的金属碎屑）会影响 G195 和 G196 正常工作，因此在进行维修前应将粘结到电磁线圈上的金属碎屑予以清除。

③ 自动变速器油压传感器 G193。传感器 G193 监测前进档和倒档制动器压力，用来监控离合器功能。离合器压力监控有高的优先权，因此多数情况下，G193 失效都会使安全阀被激活。

④ 自动变速器油压传感器 G194。传感器 G194（图 4-42）监测接触压力，此压力由转矩传感器调节，因接触压力总是与实际变速器输入转矩成比例，利用 G194 的信号可十分准确地计算出变速器输入转矩。

故障显示为无。

⑤ 多功能开关 F125。多功能开关 F125 由 4 个霍尔传感器组成（图 4-42）。霍尔传感器由换档轴上的电磁通道控制。

每个霍尔传感器的信号均有两种状态：高电位和低电位，且用二进制 1 和 0 表示。因

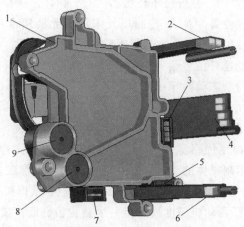

图 4-42 各传感器总成

1—电子控制单元 J217 2—输出转速传感器 G196 和 G195 3—电磁阀插接 N215 4—多功能开关 F125

5—电磁阀插接 N216 6—输入转速传感器 G182 7—电磁阀插接 N88

8—变速器油压传感器（接触压力）G194 9—变速器油压传感器（离合器压力）G193

此，4 个霍尔传感器能产生 16 种不同的组合，其中 4 个换档组合用于识别变速杆位置（P、R、N 和 D 位），2 个换档组合监测中间位置（P-B，R-N-D），10 个换档组合用于故障分析。换档组合表见表 4-3。

表 4-3 换档组合表

变速杆位置	霍尔传感器			
	A	B	C	D
P	0	1	0	1
P-R	0	1	0	0
R	0	1	1	0
R-N	0	0	1	0
N	0	0	1	1
N-D	0	0	1	0
D	1	0	1	0
故障	0	0	0	0
故障	0	0	0	1
故障	0	0	1	1
故障	1	0	0	0
故障	1	0	0	1
故障	1	0	1	1
故障	1	1	0	0
故障	1	1	0	1
故障	1	1	1	0
故障	1	1	1	1

示例：变速杆置于位置"N"，若霍尔传感器"C"损坏，换档组合为"0001"。变速器控制单元将不能识别变速杆位置"N"。控制单元识别出此换档组合为故障状态，并使用合适的替代程序。若霍尔传感器"D"损坏，将不能完成点火功能。

变速器控制单元需要变速杆位置信息，完成以下功能：起动机锁止控制、倒车灯控制和P/N内部锁控制；车辆运行状态信息用于离合器控制（前进/倒车/空档）：倒车时，锁止变速比。

F125的故障很难显示出来，在某种情况下，车辆将不能行驶。故障指示灯将闪烁。

⑥ 变速器油（ATF）温度传感器G93。传感器G93集成在变速器控制单元电子器件中。G93记录变速器控制单元铝制壳体的温度，即相应的变速器油温度。变速器油温影响离合器控制和变速器输入转速控制，因此，在控制和匹配功能中发挥重要作用。

若G93损坏，ECU参照发动机温度计算出一个替代值，匹配功能和某些控制功能失效，故障灯显示为"倒置"。

⑦ 制动灯开关F。制动灯开关信号用于变速锁止功能、爬坡控制和动态控制程序（DCP）。

为了保护变速器部件，若变速器油温度超过145℃，发动机输出功率下降。若变速器油温继续升高，发动机输出功率逐渐减小。若有必要，直至发动机以怠速运转。

⑧ "强制降档"信息。强制降档信息不需要单独的开关。它产生于加速踏板组件上的簧载压力元件产生一个"阻尼点"，将"强制降档感觉"传给驾驶人。当驾驶人激活强制降档功能时，传感器G79和G185（加速踏板组件）的电压值超过节气门全开时的电压值。当与强制降档点相对应的电压值被超过时，发动机控制单元通过cM总线向变速器控制单元发出一个强制降档信号。

在自动模式下，当强制减档功能被激活时，最大加速的最大动力控制参数被选择，如图4-43所示。应注意强制降档功能不能被连续激话，在被激活一次后，加速踏板只需保持在节气门全开的位置。

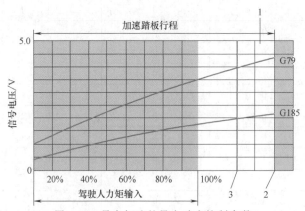

图4-43　最大加速的最大动力控制参数

1—强制降档范围　2—加速踏板限制点　3—机械节气门止点

若更换加速踏板组件，必须用自诊断检测和信息系统对强制降档点进行重新匹配。

⑨ Tiptronic开关F189。Tiptronic开关F189集成在齿轮变速机构的鱼鳞板中，由3个霍尔传感器组成。霍尔传感器由位于鱼鳞板上的电磁阀激活，如图4-44所示。

鱼鳞板上有7个LED指示：4个用于指示变速杆位置，1个用于"制动动作"信号，其余2个用于Tiptronic护板上的"+"和"−"信号。

每个变速杆位置都由单独的霍尔传感器控制。当被S激活时，Fl89开关将变速器控制单元搭铁。若有故障，Tiptronic功能不能执行。

故障显示为"倒置"。

⑩ CAN总线。除少量接口外，信息都通过CAN总线在变速器控制单元和区域网络控制单元之间进行交换。表4-4列出了一些通过CAN总线进行信息交流的辅助信号/接口。

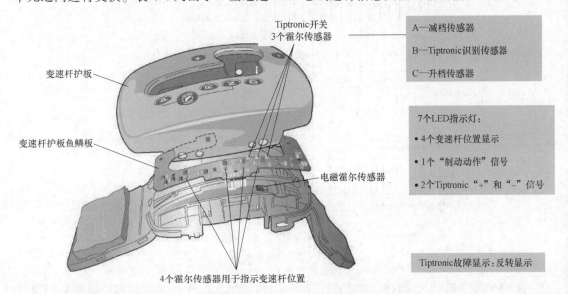

图4-44 Tiptronic开关F189

表4-4 辅助信号/接口

插脚号	插脚功能
2	自诊断和编程接口
5	车速信号
6	换档指示信号
12	Tiptronic信号（减档）
13	Tiptronic信号（档位识别）
14	Tiptronic信号（升档）
15	发动机转速信号

⑪ 发动机转速信号。发动机转速信号是一个关键参数。为提高可靠性，发动机转速信号除了通过CAN总线外，还通过单独接口传递到变速器控制单元。出现故障或"发动机转速信号"接口失效情况时，发动机转速信号可通过CAN总线获取。发动机转速信号出现接口方式故障时，"微量打滑"控制功能失效。

⑫ 换档指示信号。换档指示信号为由变速器控制单元产生的方波信号（占空比信号）。方波信号高值（20 ms）恒定，低值可变，即低位占空比可变。

每个换档位置或每个"档位"（Tiptronic功能）都被设计了一个标定低值（对应一个地

位占空比）。变速杆位置或仪表组件的档位指示通过低值延续时间识别出是何档位或变速杆处于何位置，并相应显示出来。档位指示信号如图4-45所示。

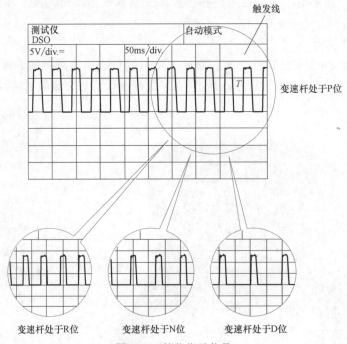

图 4-45　档位指示信号

当 CAN 总线被引入仪表板后，"档位指示"和"车速"不再是必须的，因为它们的信息通过 CAN 总线传递。为简化描述，Tiptronic 功能的全部 6 档信号组合到一个图上，如图 4-46 所示。

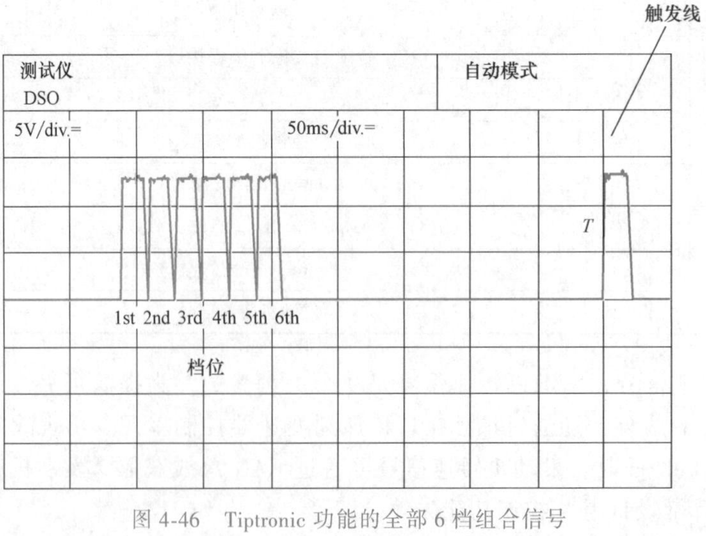

图 4-46　Tiptronic 功能的全部 6 档组合信号

⑬ 车速信号。车速信号为变速器控制单元产生的方波信号（占空比信号）。其占空比为定值 50%，频率与车速呈正比变化。

车轮每转 1 周产生 8 个信号，并通过单独接口传给仪表板组件。此信号用于车速表显示车速，并通过仪表板组件传到网络控制单元/系统（例如：发动机、空调系统、收音机系统等）。

⑭ 电路图。电路图如图 4-47 所示。

⑮ 其他。由于传感器集成在变速器中，因此传感器信号不能用传统的设备来测量，只能用自诊断插口进行检测。

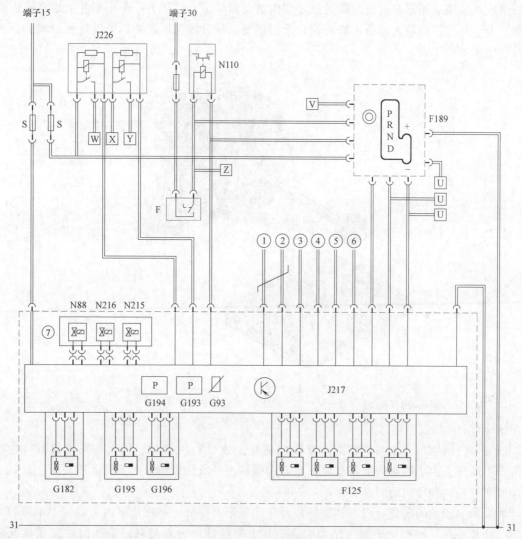

图 4-47　电路图

F—制动灯开关　F125—多功能开关　F189—Tiptronic 开关　G93—变速器油温传感器　G182—变速器输入转速传感器
G193、G194—自动变速器油压传感器　G195、G196—变速器输出转速传感器　N88—电磁阀 1（离合器冷却/安全切断）
N110—变速杆锁止电磁阀　N215、N216—自动变速器压力控制阀　J217—控制单元　J226—启动锁止和倒车灯继电器
S—熔丝　U—到 Tiptronic 转向盘（选装）　V—来自接线柱 58d　X—来自点火开关接线柱 50　Y—到起动机接线柱 50
Z—到制动灯　①—传动系统 CAN 总线，低　②—传动系统 CAN 总线，高　③—换档指示信号　④—车速信号
⑤—发动机转速信号　⑥—诊断插头

若某个传感器损坏，变速器控制单元从其他传感器处获取替代值，除此之外也可从网络

控制单元中获得信息，汽车仍可保持行驶。这对车辆行驶影响很小，驾驶人不会立即注意到某个传感器损坏。

传感器为变速器控制单元的集成部件。若某个传感器损坏，必须更换变速器控制单元。

（3）液压操纵系统

1）供油系统。油泵是供油系统的主要部件，也是变速器中消耗动力的主要部件，如图4-48所示。它直接安装在液压控制单元上，和控制单元形成一个整体，减少了压力损失、节约了成本。该变速器装有高效率的月牙型内啮合齿轮泵。它作为一个小部件集成在液压控制单元上，并直接由输入轴通过直齿轮和泵轴驱动。尽管该泵所需的润滑油量相对较少，但却可产生需要的压力。

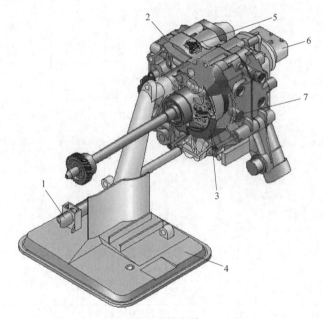

图 4-48　油泵
1—安装在吸气喷射泵（吸气泵）上的压力管　2—液压控制单元（阀体）　3—油泵
4—进油过滤器　5—直接插接插头　6—变速器控制单元　7—手动换档阀

该油泵内部密封（油泵内部防止泄漏）良好，如图4-49所示，因此在发动机低转速时仍可产生高压。由于油泵内部零部件公差要求很高，一般传统油泵达不到上述要求。

油泵有轴向和径向的调整间隙。

油泵轴向间隙的调整：两个轴向垫片封住油泵压力部分，并在油泵内形成一个单独的泄油腔，垫片纵向（轴向）密封住压力腔。垫片上有特殊的密封材料，垫片由油泵壳体或液压控制单元的泵垫支撑。轴向垫片可使泵的压力在轴向垫片和壳体间起作用。密封件防止压力泄出。

油泵压力增加时，轴向垫片被更紧地压到月牙密封和油泵齿轮上，补偿了轴向间隙，如图4-49所示。

油泵径向间隙的调整：径向间隙调整功能是补偿月牙形密封和齿轮副（齿轮和齿轮）之间的径向间隙。因此月牙形密封在内扇形块和外扇形块之间滑动。内扇形将压力腔与齿轮密封，同时抑制外扇形径向移动；外扇形将压力腔与齿圈密封隔开。泵压力在两个扇形件间

移动。油泵压力增加时，扇形件被更紧地压向齿轮和齿圈，补偿径向间隙。当油泵泄压时，扇形件弹簧向扇形件和密封滚柱提供基本接触压力，并提高油泵的吸油特性，同时保证油泵压力在扇形件间动作，同时作用于密封滚柱，如图4-49所示。

由于径向间隙和轴向间隙的调整，尽管油泵的体积小，却能产生所需的高压，同时获得很高的效率。

另外，供油系统为了保证充分冷却两离合器，装有吸气喷射泵。吸气喷射泵集成在离合器冷却系统中，以供应冷却离合器所需的润滑油量。吸气喷射泵为塑料结构，并且凸向油底壳深处，如图4-50所示。

吸气喷射泵是根据文丘里管原理工作的。当离合器需要冷却时，冷却油（压力油）由油泵出来，通过吸气喷射泵进行导流并形成动力喷射流，润滑油流经泵的真空部分产生一定真空，将油从油底壳中吸

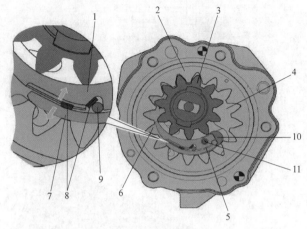

图 4-49　油泵径向间隙调整及内部防止泄漏结构
1—内扇形　2—齿圈　3—齿轮　4—吸油区　5—月牙形密封
6—压油区　7—外扇形　8—扇形弹簧　9—密封螺柱
10—锁止销　11—弹簧杆

出，并与动力喷射流一起形成一股大量的、几乎卸压的油流，在不增加油泵的容积情况下，冷却油油量几乎加倍。

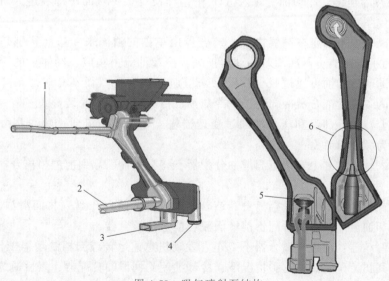

图 4-50　吸气喷射泵结构
1—前进档离合器中的压力油管　2—从液压控制单元到吸气喷射泵（吸气泵）的压力管
3—进油管　4—ATF溢油管　5—单向阀　6—文丘里孔

2）冷却系统。来自链轮装置的自动变速器（ATF）油最初流经ATF散热器（ATF散热器与发动机散热器集成在一起），之后在流回液压控制单元前流经ATF过滤器，如图4-51所示。图中DDV1差压阀防止ATF冷却器压力过高（ATF温度低）。当ATF温度低时，供油

109

管和回油管建立起的压力有很大不同，达到标定压差，DDV1 打开，供油管与回油管直接接通，使 ATF 油温度迅速升高。当 ATF 滤清器的流动阻力过高时（例如：滤芯堵了），DDV2 差压阀打开，阻止 DDV1 打开，ATF 冷却系统因有背压无法工作。

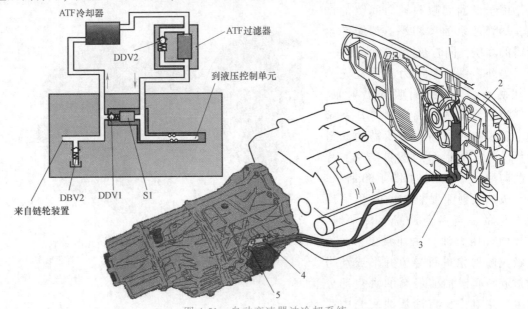

图 4-51　自动变速器油冷却系统

1、5—回油管　2—ATF 过滤器　3、4—供油管

若 ATF 散热器泄漏，冷却油将进入 ATF 中，即便是很少量的冷却油进入 ATF，也会对离合器控制产生不利影响。

为了保护离合器不暴露在高温之下，离合器由单独的油流来冷却（特别是在苛刻条件下行驶时）。为了减少离合器冷却时的动力损失，冷却油流由集成在阀体上的冷却油控制单元在需要时接通。冷却油可通过吸气喷射泵来增加（吸气泵）而不必对油泵容量有过高的要求。另外，为了优化离合器冷却性能，冷却油仅传递到传动链轮装置。

前进档离合器的冷却油和压力油通过变速器输入轴的孔道流通。两油路由钢管彼此分开，钢管被称为"内部件"。

变速器输入轴出油孔上安装有润滑油分配器，将润滑油引导到前进档离合器或倒档制动器，如图 4-52 所示。

冷却前进档离合器：若前进档离合器结合，离合器缸筒（压盘）将润滑油分配器压回，在此位置，冷却油流经润滑油分配器前端面流经前进档离合器。

冷却倒档制动器：前进档离合器不工作（发动机怠速运转或倒档制动器工作时），润滑油分配器回到其初始位置。在这种情况下，冷却油流到润滑油分配器，然后通过分配器流回到倒档制动器。分配器带轮油道内的部分润滑油流到行星齿轮系，提供必要的润滑。

在离合器控制单元动作的同时，离合器冷却系统接通。变速器控制单元向电磁阀 N88 提供一个额定电流，该电流产生一个控制压力控制离合器冷却阀（KKV），离合器冷却阀（KKV）将压力从冷却油回油管传到吸气喷射泵（吸气泵），用于操纵吸气喷射泵（吸气泵）。

3）液压操纵换档系统。输导控制阀（VSTV）向压力调节阀 N216 提供一个约 500kPa 的常压，如图 4-53 所示。N216 根据变速器控制单元计算的控制电流产生控制压力。控制电

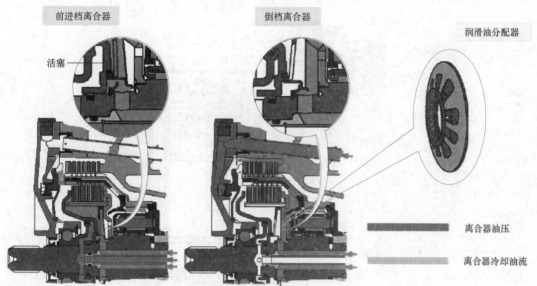

图 4-52　润滑油分配器及前进档、倒档离合器的冷却

流越大，控制压力越高，该压力影响减压阀的位置。

根据控制压力，减压阀（UV）将调节压力传递到链轮装置 1 或链轮装置 2 的分离缸。

控制压力在 180~220kPa 之间时，阀关闭。控制压力低于 180kPa 时，调整压力传递到链轮装置 1 的分离缸。同时，链轮装置 2 的分离缸与油底壳相通。变速器朝"超速"变速比方向换档。

若控制压力大于 220kPa，调整压力传递到链轮装置 2 的分离缸 2，同时链轮装置 1 的分离缸与油底壳相通，变速器朝"起动转矩"变速比方向换档。

4）转矩传感器。转矩传感器如图 4-54 所示。发动机转矩通过转矩传感器传递给变速器。转矩传感器通过液力—机械方式控制接触压力。液力—机械式转矩传感器集成于链轮装置 1 内，静态和动态高精确地监控传递到压力缸的实际转矩并建立压力缸的正确油压。

压力缸中合适的油压会产生锥面链轮接触压力，若接触压力过低，传动链会打滑，这将损坏传动链链轮；相反，若接触压力过高，会降低效率。

因此，转矩传感器的功用是根据要求建立起尽可能精确、安全的接触压力。

转矩传感器主要部件为 2 个滑轨架，每个支架有 7 个滑轨，滑轨中装有滚子。滑轨架 1 装于链轮装置 1 的输出齿轮中（辅助变速齿轮档输出齿轮）；滑轨架 2 通过花键与链轮装置 1 联结，可以轴向移动并由转矩传感器活塞支撑。转矩传感器活塞调整接触压力并形成转矩传感器腔 1 和腔 2，如图 4-54 所示。支架彼此间可径向旋转，将转矩转化为轴向力（因滚子和滑轨为几何关系），此轴向力施加于滑轨架 2 并移动转矩传感器活塞，活塞与支架接触。转矩传感器活塞控制凸缘关闭或打开转矩传感器腔输出端。

注意：转矩传感器产生的轴向力作为控制力与发动机转矩成正比；压力缸中建立的压力与控制力成正比。

转矩传感器腔 1 直接与压力缸相通。按系统设计，发动机转矩产生的轴向力与压力缸内的压力达到平衡。

汽车稳定运行的情况下，出油孔只部分关闭，打开排油孔（转矩传感器）后压力下降，

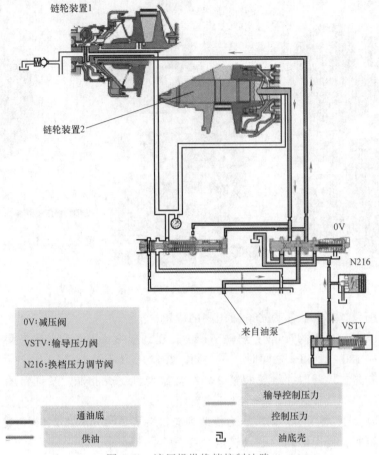

图 4-53 液压操纵换档控制油路

调节压力缸内的压力。若输入转矩提高，控制凸缘进一步关闭出油孔，压力缸内压力升高，直到建立起新的力平衡。若输入转矩下降，出油孔进一步打开，压力缸内压力降低，直至恢复力平衡。

转矩达到峰值时，控制凸缘完全关闭出油孔；若转矩传感器进一步移动，将会起到油泵作用，此时被排出的油使压力缸内的压力迅速上升，这样就毫无延迟地调整接触压力。

注意：汽车驶过凹坑或路面摩擦系数发生变化（例如从结了一层薄冰的路面到沥青路面）时，会出现相当高的转矩峰值。

5）传动链轮依据变速比的接触压力适配。锥面链轮产生的接触压力不仅取决于输入转矩，还取决于传动链跨度半径，此二者确定了变速器的实际变速比。

起动档要求最大接触压力，这时链轮装置1的传动链跨度半径最小，为传递动力，尽管输入转矩大，却只有少量的摩擦片衬片啮合。因此，链轮产生了很大的接触压力，直至超过额定变速比（1∶1）。

6）功能和工作模式。与变速比有关的接触压力在转矩传感器腔2内被调整。提高或降低转矩传感器腔2内的压力，压力缸内的压力也发生变化。转矩传感器腔2内的压力受链轮装置1轴上的两个横向孔控制。该孔通过变速器锥面链轮的轴向位移关闭或打开。当变速器位于起动档时，横向孔打开，转矩传感器腔2泄压。

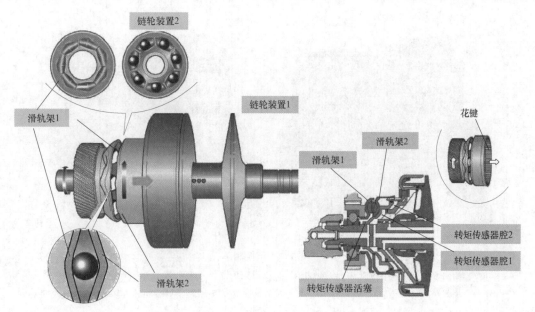

图 4-54　转矩传感器

变速器换到"高转速"档时，横向孔立即关闭，左侧横向孔打开（此时通过相关的可变锥面链轮孔，该孔与压力缸相通），油压从压力缸传入转矩传感器腔 2。该压力传感器克服转矩传感器的轴向力并将转矩传感器活塞向左移动。控制凸缘进一步打开出油孔，减少压力缸内的油压。

双级压力适配的主要优点为中间档位范围可利用低接触压力提高效率。

7）润滑系统。飞溅式润滑油罩盖位于链轮装置 2 上。飞溅式润滑油罩盖是变速器独特的结构，它可阻止压力缸建立启动态压力。

在发动机转速很高时，压力缸内变速器油承受很高的旋转离心力，使其压力上升，此过程称为"动态压力建立"。动态压力是需要避免的，因其会不恰当地提高接触压力，并对传动控制产生不利的影响。

封闭在飞溅润滑油罩盖内的油承受与压力缸内油相同的动态压力，这样，压力缸内的动态压力得到补偿。飞溅润滑油腔通过燃油喷射孔直接从液压控制单元处获得润滑油，通过此孔，润滑油连续喷入飞溅润滑油腔入口。飞溅润滑油腔容积减少（当改变传动比时）就会使润滑油从供油入口排出。

8）液压控制单元。新的改进结构为油泵、液压控制单元（阀体）和变速器控制单元集成为一个小型的不可分单元。液压控制单元和变速器控制单元直接插接在一起。

液压控制单元由手动换档阀、9 个液压阀和 3 个电磁压力控制阀组成，如图 4-55 所示。

液压控制单元完成下述功能：前进档—倒档制动器控制、调节离合器压力、冷却离合器、为接触压力控制提供压力油、传动控制、为飞溅润滑油罩盖供油。

液压控制单元通过旋入螺钉直接与链轮装置 1 或链轮装置 2 相连接，如图 4-56 所示。

为了保护部件，限压阀 DBV1 将最高压力限制在 8200kPa，通过 VSTV 向压力控制阀提供一个恒定的 500kPa 输导控制压力。

MDV 最小压力阀的作用是防止起动时油泵吸入发动机进气。

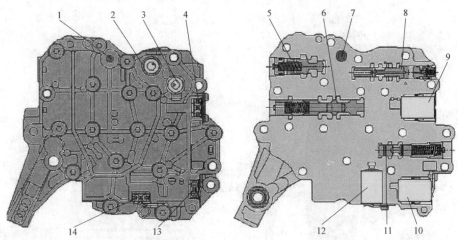

图 4-55　液压控制单元

1、7—DBV1 限压阀　2—连接 G193　3—连接 G194　4—N215 插头　5—MDV 最小压力阀　6—KKV 离合器冷却阀
8—KSV 离合器控制阀　9—N215　10—N216　11—VSTV 输导压力阀　12—N88　13—N216 插头　14—N88 插头

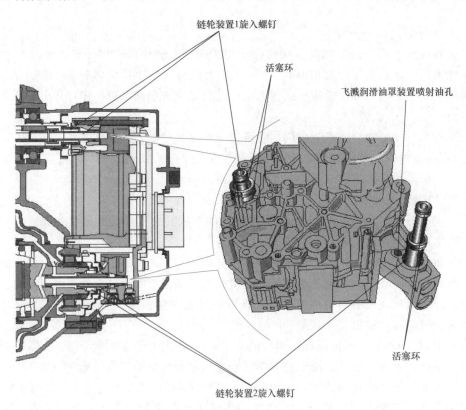

图 4-56　液压控制单元与链轮装置的连接

当油泵输出功率高时，MDV 最小压力阀打开，允许润滑油从回油管流到油泵吸入侧，提高油泵效率。

VSPV 施压阀位置如图 4-57 所示。它控制系统压力，在特定功能下，始终提供足够油压

（应用接触压力或调节压力）。

电磁阀N88、N215和N216在设计上称为"压力控制阀"，它们将控制电流转变成了相应的液压控制压力，如图4-57所示。

N88电磁阀有两个功能：控制离合器冷却阀（KKV）和安全阀（SIC）。

电磁阀N215的功能：激活离合器控制阀（KSV）。

电磁阀N216的功能：激活减压阀。

9）变速器壳体/通道和密封系统。01J型变速器装了一种新型骨架式密封环系统，包括骨架式密封环压力缸和主链轮装置、副链轮装置和前进档离合器活塞的可变排量缸。

O形环有两个功能：

① 压下并密封骨架式密封环。

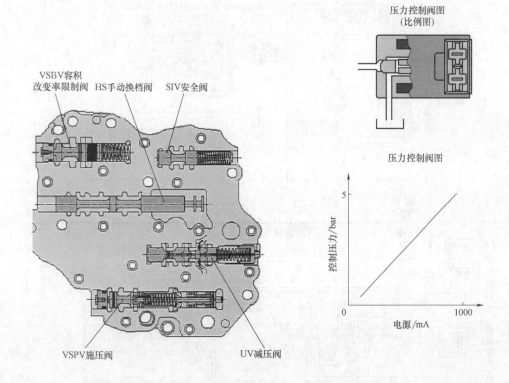

图4-57　VSPV施压阀的位置及压力控制阀控制图

② 油压辅助骨架式密封环实现接触压力。

骨架式密封环系统的优点：

① 抗磨性优良。

② 分离压力小。

③ 不易磨损。

④ 高压压力合适。

为减小质量，变速器由AZ91HP镁合金制成。此合金有很强的防腐性，容易加工并且比传统的铅合金减轻了8kg。作为一项特点，ATF不是像通常自动变速器那样通过壳体通道进行分配，而是通过专用的导管。

　　轴向密封元件用于密封管接头，压力管和轴向密封元件有 2 个密封唇，可提供更高的接触压力（压力油产生的结果），因此能可靠密封管路。利用此技术可以毫无困难地密封对角管路（例如：与倒档制动器连接的压力管）。油泵吸入端安装的轴向密封元件带有密封垫圈，通过接触压力效能来密封安装。

　　双槽形密封环将主减速器储油器和 ATF 储油器分隔开，阻止 ATF 流入主减速器储油器或主减速器油流入 ATF 储油器。

　　10）液压控制系统油路图。油路图如图 4-58 所示。

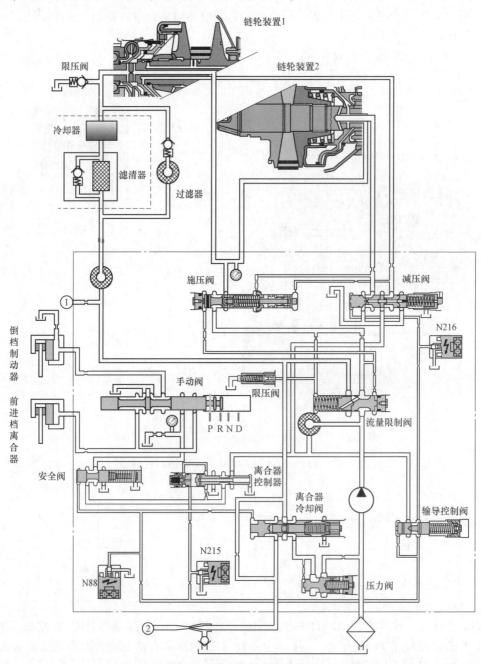

图 4-58　液压控制系统油路图

12.2　无级变速器（CVT）维护

1. CVT 轿车操纵注意事项

1）轿车行驶中切勿将变速杆挂入 R 位或 P 位，否则，极易发生交通事故。

2）发动机处于运转状态、变速杆处于 D 位时，应踩住制动踏板停车，因为即使在怠速工况下，动力传递也未完全切断，轿车可能向前"爬行"。

3）轿车处于静止状态但发动机仍运转时，切勿踏加速踏板，否则，极易发生交通事故。

4）在平坦、光滑路面上行驶时，若换低速档装置处于工作状态，轿车驱动轮可能失控（打滑）。

5）当组合仪表的档位显示灯闪烁时，车辆可能马上停止运行或停止后无法起动车辆。

2. CVT 维护说明

1）常规保养中需目测检查自动变速器有无渗漏。

2）轿车每行驶 60000km 检查自动变速器及主减速器润滑油油位，必要时添加润滑油。主传动维护见表 4-5。

表 4-5　主传动维护

润滑油种类	Multitronic 专用油	油量	主传动
备件号	G052190A2	第一次加油	约 1.3L
备件包装单位	1L	换油	免更换

注意：Multitronic 01J 变速器使用另一种主减速器油做为介质。只有做为备件供应的主减速器油才可用于主减速器维护。

3）轿车每行驶 60000km 或 4 年需更换自动变速器 ATF。行星齿轮系维护见表 4-6。

表 4-6　行星齿轮系维护

润滑油种类	ATF	油量	行星齿轮系
备件号	G052180A2	第一次加油	约 7.5L
备件包装单位	1L	换油	4.5~5.0L

注意：Multitronic 01J 变速器使用另一种 ATF 做为变速介质。只有作为备件供应的 CVT 变速器用 ATF 才可用于行星齿轮系维护。

4）自动变速器油（ATF）的检查与更换

① 检查 ATF 的前提条件。变速器不允许处于紧急运行状态；车辆必须处于水平位置。连接诊断仪，变速器电控系统进行自诊断；发动机必须处于怠速工况；关闭空调和暖风装置。开始检查前，ATF 的温度不允许超过 30℃，必要时先冷却变速器。

② 加注 ATF。利用诊断仪读取 ATF 温度，变速器温度在 30~35℃时进行加注 ATF 的操作；发动机处于怠速工况；车辆必须处于水平位置；踩下制动踏板，在所有档位（P、R、N、D 位）上停留一次，并且在每一个位置上保持发动机怠速约 2s。将变速杆置于 P 位，当 ATF 从加注孔（油面高度检查孔）溢出时，安装加注螺栓。

③ 更换 ATF。打开变速器底部的放油螺塞，排掉旧的 ATF；将变速器底部的 ATF 加注螺塞打开，利用专用 ATF 加注器将新的 ATF 加入变速器内部。

12.3　无级变速器（CVT）故障诊断与维修

1．维修工作注意事项

1）发动机处于运转状态，对轿车进行维护维修作业前务必将变速杆挂入 P 位，并拉紧驻车制动器手柄。

2）车辆静止，挂入 D 位后切勿因一时疏忽打开节气门（例如在发动机舱内作业时不慎用手碰开节气门），若发生此种情况，轿车将立即起步行驶，即使拉紧驻车制动器手柄也无法阻止轿车移动。因此，必须先安装车轮挡块。

3）不允许用超声波清洗装置来清洁液压控制单元和变速器控制单元（J217）。

4）当档盖已取下或未加 ATF 油时，禁止起动发动机或拖动车辆。

2．基本诊断及检修步骤

1）问诊：主要是询问故障信息的来源，确认故障发生的时间和故障现象。

2）基本检查：主要是外围状况检查，包括发动机怠速、ATF 液面高度和油质、诊断仪的诊断结果（CVT 系统、发动机控制系统、ABS 等）。

3）维修前的路试：它是进一步确认故障的最有效途径，同时可验证是否与客户所描述的故障信息吻合。有必要时使用随车诊断设备读取汽车行驶时的动态数据，为下一步维修提供有效的帮助。

4）电子液压控制系统的检修。少数 CVT 的液压控制系统是可以直接通过油压试验来检查故障原因的，例如派力奥 Speedgear 变速器，它装有油压检测孔。大多数 CVT 的液压系统是通过油压传感器来反映变速器内部工作油压的，因此必须使用诊断设备读取汽车运动状态下的动态数据，确认故障信息。对于液压控制元件（阀体）和液压执行元件（离合器或制动器），可以进行液压测试和解体检查。

CVT 电控系统的故障检修方法与电控自动变速器的故障检修方法基本相同，诊断仪的故障码、动态数据流、波形、ECU 电路以及网络数据等分析都是适用的，还可以对电子元件（传感器、开关、电磁阀）进行元件测试和对比试验，从而排除故障。

5）机械元件的检修。对于 CVT 机械元件检修，只能进行解体检查或故障部位的修理及部件更换。

3．检查操纵锁止机构

（1）检查点火钥匙拔下锁止机构

1）点火开关打开，踏下制动踏板并保持该状态。按下变速杆手柄上的按键后，变速杆应能脱离 P 位。在除 P 位以外的其他档位时，应不能拔出点火钥匙。将变速杆置于 P 位时，点火钥匙应能顺利地拔出。

2）拔出点火开关钥匙。在已按下变速器手柄上的按键且踏下制动踏板时，变速杆应不能脱离 P 位。

（2）检查换档操纵机构

1）变速杆在 P 位或 N 位且点火开关已打开。

①　不踏下制动踏板，变速杆被锁止，在按下按键后不能脱离档位，变速杆锁止电磁铁锁止变速杆。

②　踏下制动踏板，变速杆锁止电磁铁松开变速杆，按下按键后可挂入任一档位。从 P 位将变速杆移入 RND，检查组合仪表上的档位显示与实际挂入的档位是否一致。

2）变速杆在 D 位且点火开关及灯已打开。

①　将变速杆从 D 位挂入 Tiptronic 通道，换档操纵机构壳体上发亮的符号"D"应熄灭，符号"+"及"–"应亮起。

②　Tiptronic 组合仪表显示检查。起动发动机，使之怠速运转。拉紧驻车制动器手柄，踏下制动踏板。在将变速杆推入 Tiptronic 通道时，组合仪表上的档位显示将从"PRND"变为"654321"。

4. 故障指示灯

（1）轻微性故障　如图 4-59 所示显示正常，驾驶人根据车辆行驶状况感知该故障。替代程序使车辆可继续行驶，对于驾驶安全性和变速器安全影响并不严重。故障以故障码形式被存储。

图 4-59　组合仪表轻微性故障显示

（2）一般性故障　如图 4-60 所示，档位显示反转，替代程序使车辆可继续行驶，对于驾驶安全性和变速器安全影响仍不严重。故障以故障码形式被存储。此时需尽快到服务站维修，否则可能对变速器造成更大损伤。

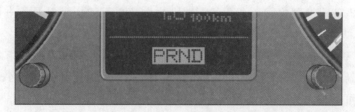

图 4-60　组合仪表一般性故障显示

（3）严重性故障　如图 4-61 所示，档位显示全亮，对于驾驶安全性和变速器安全有严重影响。故障以故障码形式被存储。此时需马上到服务站维修。

注意：该情况可能导致车辆马上停止运行或停车后无法起动车辆。

图 4-61　组合仪表严重性故障显示

5. 故障状况表（表4-7）

表4-7　故障状况表

传感器代号	传感器信号	失效情况	替代值	仪表故障显示
G182	变速器输入转速	微量打滑和离合器匹配控制功能失效	发动机转速信号	无
		起步-加速过程可利用固定参数完成		
G195	变速器输出转速1	坡路停车功能失效	G196	无
G196	变速器输出转速2	坡路停车功能失效	G195	无
G195/G196		坡路停车功能失效	车速信号	无
G193	离合器压力	安全阀激活——安全切断	—	闪烁
G194	转矩传感器压力	爬行控制匹配功能失效	—	无
G93	变速器油温	离合器匹配控制功能失效	变速器控制单元计算得出替代值	反转
		当油温高于145℃时,发动机输出功率下降		闪烁
F125	档位信号	霍尔传感器"D"损坏,点火功能失效	引入替代程序	闪烁

6. 奥迪A6、A4的01J型变速器常见问题

（1）漏油（烧差速器）　漏油问题大多反映在2004年以前生产的车型。主要是由于车辆长时间涉水所致,造成差速器进水导致齿轮轴锈蚀,铁锈使双面油封损坏导致漏油。在维修此类故障时,应提醒驾驶人一旦发现漏油问题要及时更换双面油封并改进进水处。

（2）奥迪A6 2.8不带S档、R档（入档接合时间长、接合粗暴、起步耸车）　奥迪A6 2.8不带S档,CVT R档冲击、接合时间长以及起步耸车的故障大多都是液压控制单元故障,主要是阀体中滑阀磨损所致,目前的维修方法是更换液压控制单元。

（3）奥迪A6 2.8不带S档、前进档、R档起步耸车、前进档在低速时急加速耸车　这种故障一般在考虑液压控制单元、油泵的同时考虑电控单元的指令以及前进档和倒档用油元件本身。

（4）2003年后生产的奥迪A6 2.4带S档经常无规律的出现仪表档位指示灯闪烁,重新关闭发动机后重新起动后故障消失（通常诊断码为F125多功能开关）　当出现这种故障时更换电控单元即可。

（5）发动机怠速时挂前进档溜车无爬行（坡道停车功能失效）　通过专用检测仪器读取其动态数据来判断故障部位。因为坡道停车功能一定要在满足离合器的工作压力同时保证足够的接触压力的情况下才能使汽车停在坡道上。这种故障一般是由于前进档离合器磨损使其工作间隙过大造成的,更换输入轴总成即可排除故障。

（6）异响——发动机怠速且变速杆在P/N位时变速器内部液体发出的声音　这种故障主要是自动变速器油管路受阻造成的,也可能是液压控制系统故障造成的。

（7）耸车　车辆在马上就要停住之前耸车,在冷车状态下且车速低于20km/h时观察到停车耸车现象;如果立即再次起步,有时会出现起步困难的情况。这种现象只出现在变速杆处于D位和S位时,当变速杆处于手动换档状态时不会出现这个现象。这可能是由于脏污或阀运动困难,滑阀箱内出现了液压功能故障。

7. CVT 故障实例

变速器出现故障很多时候是因为 ATF 有大量杂质引起的。油泥破坏变速器油的质量和摩擦特性，加大摩擦与磨损，形成变速器噪声、异响情况；油液的油泥、杂质等聚集在阀体、变矩器及冷却管等，造成系统内部油路的堵塞，使车辆出现顿挫、冲击等现象。通常正常的维护、使用才能保证车辆处于良好的工作状态，保证行车的安全。

【实例一】2014 年款丰田 RAV4 CVT 故障

汽车到修理厂时已经是走车的状态。据车主描述：一开始汽车有漏油的迹象，到 4S 店检查没发现故障；继续行驶一星期左右后，开始出现明显的冲击感，到就近修理厂检查，检查结果为"压力控制电磁线圈"K"性能或固定黏闭"与"变速器档域传感器电路（PRNDL 输入）"故障（图 4-62、图 4-63）。随后试车，行驶没多远汽车直接抛锚了。拆开变速器后，里面的钢带、链条全部打碎，压力缸磨损严重。推断是缺油导致的，因为没有润滑，机械之间磨损产生了高温导致损伤。因此，如果汽车出现异常情况，应及时检查维修处理。机械故障会有连带损坏的情况。

图 4-62 故障码显示 1

图 4-63 故障码显示 2

现以图解展示 2014 年款丰田 RAV4 CVT 变速器检修全过程（图 4-64～图 4-83）。

半轴是插在变速器里面的，需要拔出半轴，才能顺利的抬下变速器。

机角主要起固定作用，通常机角里面有胶套容易被磨损。机角有磨损时，汽车起步加速就会颤抖、出现异响等情况。

阀体内部设计有非常复杂的油路，控制着档位的切换。阀体损坏大多数是因为油中含有大量杂质导致的。

解体变速器，取出内部所有部件进行检查，清洗之后进行安装。

将差速器与半轴链接。差速器与半轴一样有磨损，无法继续使用，需更换。

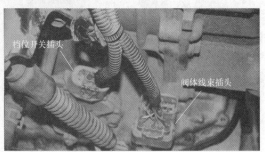

图 4-64　变速器插头位置示意图

图 4-65　拆卸半轴、转向机构等附件

图 4-66　拔出半轴

图 4-67　拔出传动轴

图 4-68　拆下机角

图 4-69　拆卸变速器与发动机间的联接螺栓

图 4-70　拆下 CVT 总成

图 4-71　与变速器连在一起磨损的半轴

图 4-72　变速器拆开后内部损坏情况

图 4-73　钢带断裂产生的碎屑

图 4-74　拆卸阀体

图 4-75　拆卸变速器壳体

图 4-76　拆下差速器总成并检查

图 4-77　拆下油泵并检查变速器内部情况

图 4-78　钢带断裂情况

图 4-79　钢带打碎情况

P位齿已经变形

图 4-80　P位齿变形情况

压力缸严重磨损

图 4-81　压力缸磨损情况

a)

b)

图 4-82　新、旧压力缸对比

【实例二】2009 年款奥迪 A6L 轿车起动、挂档异响

车型：2009 年款 2.0T 的奥迪 A6L 轿车，选装 01T 型无极变速器。

故障现象：发动机起动即出现响声，在 D 位和 R 位静止和低速行驶时也有异响。变速

及行驶平顺性正常。

检修过程：

通过动力流程来看：

1）发动机→飞轮减振器→输入轴→油泵。

2）发动机→飞轮减振器→输入轴→主动链轮→链条→被动链轮→副轴→差速器。

动力传递的第二条路线不太可能存在问题，因为 P 位、N 位和 D 位、R 位不行驶而出现异响时，主动链轮、链条、被动链轮、副轴、差速器是不运转的。剩下需要怀疑的故障点就是飞轮减振器、输入轴、油泵了。

图 4-83　新钢带与损坏的钢带

飞轮减振器的主要功能是通过内部的弹簧缓解及吸收发动机和变速器产生的冲击、振动。其出现故障的特征主要表现为挂档瞬间及踩制动踏板减速时有明显的响声，行驶的过程中有很小的响声。另外，客户反映说此车更换过飞轮减振器，故障没有变化。这种特征很可能是油泵损坏造成的，但这款变速器安装的是叶片转子泵，品质稳定。由于排查油泵相对比较简单（不用随车拆装变速器），于是带着疑问拆下油泵，未发现异常。故障怀疑点只有输入轴了。输入轴油封下面的滚珠轴承是常工作元件，将变速器从车上卸下来，拆解输入轴，滚珠轴承并没有损坏。通过再次分析第一条动力路线的过程，找到了 3 个可疑点：

1）位于壳体上的油泵轴定位轴承。

2）油泵轴齿轮与输入轴上驱动齿的啮合情况。

3）输入轴上的另一个滚柱轴承。

通过排查，发现上述 3 个元件没有损坏。但是在检查的过程中，发现镶嵌在壳体上的输入轴滚柱轴承座外圈与壳体发生了相对运动，而导致壳体磨损。如图 4-84 所示。

图 4-84　轴承座外圈与壳体磨损

最后，清洗内部元件，更换前壳和变速器滤芯等相关零件，异响消失。

【实例三】2009 年款奥迪 A6L 轿车低速异响严重

车型：2009 年款 2.0T 的奥迪 A6L 轿车，选装 01T 型无极变速器。

故障现象：在 10~50km/h 的车速范围响声明显，车速较高时由于频率加快和其他噪声干扰响声相对变小。空档和驻车档没有异响。

检修过程：

通过动力流程分析，故障点应该发生在第二条的动力传递路线之中，即发动机→飞轮减振器→输入轴→主动链轮→链条→被动链轮→副轴→差速器。初步判断故障原因为主动链轮后面定位处及定位轴承磨损而导致异响（故障原因也是设计瑕疵：01J/01T 型无极变速器由于受尺寸及材质的约束，此处承受负荷过大会导致过早磨损，虽然新款车型已经增加了一个硬化处理的钢套，但是依然无法解决由磨损而引起的异响）。于是将变速器从车上拆下来，当打开变速器中壳时，没有发现那个位置磨损。同时，在拆解的过程中发现了大量的金属碎屑，这说明变速器内部一定有元件被损坏，通过进一步分解排查，发现输入轴前端磨损严重（图 4-85）。

主动链轮后端及相应的轴承磨损现象

主动链轮前端磨损现象

图 4-85　主动链轮前端、后端及相应轴承磨损

最后，清洗内部元件，更换相关零件，异响消失，故障排除。

作　业

完成"学习工作页"4.4 的测试题和实训 5。

项目 5　万向传动装置的故障诊断与维修

学习目标

1. 知识要求
1）能够简述万向传动装置的功用、组成及应用。
2）能够简述万向节的类型、构造及工作原理。
3）能够简述传动轴和中间支承的功用、构造及布置形式。
4）掌握万向传动装置的维护。
2. 技能要求
1）能够检修万向传动装置。
2）能够诊断与排除万向传动装置常见的故障。

任务 13　汽车起动撞击和滑行异响
的故障诊断与维修

任务接受

客户报修：汽车出现起动撞击及滑行异响故障现象。

任务准备

16. 万向传动装置
的功用及组成

13.1　万向传动装置的构造与工作原理

1. 万向传动装置的功用及组成

万向传动装置的功用是能在轴间夹角及相互位置经常发生变化的转轴之间传递动力。万向传动装置主要由万向节、传动轴组成，对于传动距离较远的分段式传动轴，为了提高传动轴的刚度，还设置有中间支承，如图 5-1 所示。

2. 万向传动装置的应用

万向传动装置在汽车上的应用主要有以下几个方面：

（1）变速器（或分动器）与驱动桥之间　由于一般 FR 型汽车变速器（或越野汽车的分动器）的输出轴线与驱动桥的输入轴线难以布置重合，并且汽车在负荷变化及在不平路面行驶时引起的跳动会使驱动桥输入轴与变速器输出轴之间的夹角和距离发生变化，故变速

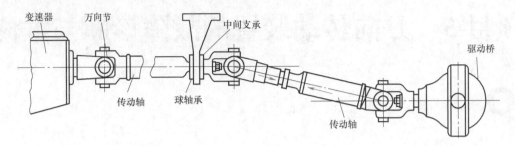

图 5-1　万向传动装置

器输出轴与驱动桥输入轴之间必须用万向传动装置连接。

　　（2）变速器与离合器或与分动器之间　虽然变速器、离合器、分动器等都支承在车架上，且它们的轴线可以设计重合，但为消除车架变形及制造、装配误差等引起的轴线同轴度误差对动力传递的影响，其间常装有万向传动装置。

　　（3）转向驱动桥和断开式驱动桥中　汽车的转向驱动桥需满足转向和驱动的功能，所以其半轴是分段的，转向时两段半轴轴线相交且夹角变化，因此需要使用万向传动装置连接。在断开式驱动桥中，主减速器壳在车架上是固定的，桥壳上下摆动，半轴是分段的，也需要使用万向传动装置连接。

　　（4）转向操纵机构中　某些汽车的转向操纵机构受整体布置的限制，转向盘轴线与转向器输入轴线不重合，因此在转向操纵机构中装有万向传动装置。

　　万向节按其速度特性可分为普通万向节、准等角速万向节和等角速万向节，按其刚度大小可分为刚性万向节和柔性万向节。

　　3. 普通万向节

　　普通万向节又称为十字轴式刚性万向节，它允许相邻两轴的最大交角为20°，在汽车上应用最广。

　　（1）十字轴式万向节的构造　它主要由万向节叉和十字轴及轴承等组成。两个万向节叉分别与主、从动轴相连，其叉形上的孔分别套在十字轴的4个轴颈上。在十字轴轴颈与万向节叉孔之间装有滚针和套筒，用带有锁片的螺钉和轴承盖来使之轴向定位。为了润滑轴承，十字轴内钻有油道，且与滑脂嘴、安全阀相通。

17. 十字轴式
万向节的构造

　　为避免润滑油流出及尘垢进入轴承，十字轴轴颈的内端套装有带金属壳的毛毡油封（或橡胶油封）。安全阀的功用是当十字轴内润滑脂压力超过允许值时阀打开，润滑脂外溢，使油封不会因油压过高而损坏。现代汽车多采用橡胶油封，多余的润滑油从油封内圆表面与十字轴轴颈接触处溢出，故无须安装安全阀。

　　为防止轴承在离心力作用下从万向节叉内脱出，轴承应进行轴向定位。常见的定位方式除上述盖板式外，还有瓦盖式、U形螺栓式和弹性卡圈固定等结构形式。

　　（2）十字轴式万向节的速度特性与等角速排列　十字轴式万向节在其运动中具有不等角速特性，即当十字轴式万向节的主动叉是等角速转动时，从动叉是不等角速转动的。但主、从动轴的平均转速是相等的，即主动轴转一圈，从动轴也转一圈。所谓不等速性是指从

动轴在转动一周内其角速度的不均匀。单个十字轴万向节的不等速性会使从动轴及与其相连的传动部件产生扭转振动，产生附加的交变载荷及振动噪声，影响零部件的使用寿命。为避免这一缺陷，在汽车上均采用两个普通万向节且中间以传动轴相连，利用第二个万向节的不等速效应来抵消第一个万向节的不等速效应，从而实现输入轴与输出轴等角速传动。要达到这一目的，必须满足两个条件：

1）第一个万向节的从动叉和第二个万向节的主动叉在同一平面内，即传动轴两端的万向节叉在同一平面内。

2）输入轴、输出轴与传动轴的夹角相等，即 $\alpha_1 = \alpha_2$，如图 5-2 所示。

满足上述两条件的等速传动有两种排列方式：平行排列和等腰式排列。

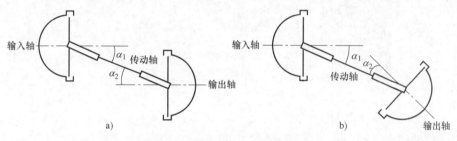

图 5-2 平行排列和等腰式排列

a）平行排列 b）等腰式排列

18. 十字轴万向
节的工作原理

条件 1）通过正确的装配工艺可以保证与传动轴两端相连接的万向节叉在同一平面内。
条件 2）只有采用驱动轮独立悬架时，才有可能通过整车的总体布置来实现。若驱动轮采用非独立悬架时，由于弹性悬架的振动，主减速器输入轴与变速器输出轴的相对位置不断变化，不可能在任何情况下都保证 $\alpha_1 = \alpha_2$，此时万向传动装置只能做到使传动的不等速尽可能小。

等速传动是对传动轴两端的输入轴和输出轴而言。对传动轴来说，只要传动轴两端的输入轴和输出轴的夹角不为零，它就是不等角速转动，与传动轴的排列方式无关。

4. 准等角速万向节

准等角速万向节是根据两个普通万向节实现等速传动的原理制成的，只能近似实现等角速传动。常见的准等角速万向节有三销轴式和双联式万向节。下面仅介绍三销轴式万向节，如图 5-3 所示。

三销轴式万向节主要由两个偏心轴叉、两个三销轴、6 个滑动轴承和密封件组成。每个偏心轴叉的两叉孔通过轴承和一个三销轴大端的两轴颈配合，两个三销轴的小端轴互相插入对方的大端轴承孔内，形成了 Q_1、Q_2、R 3 根轴线。传递转矩时，由主动偏心轴叉经轴 Q_1、Q_2、R 传到从动偏心轴叉。

与主动偏心轴叉相连的三销轴的两个轴颈端面和轴承座之间装有止动垫片。其余轴颈端面均无止动垫片，且端面与轴承座之间留有较大的空隙，保证转向时三销轴式万向节无运动干涉现象。

三销轴式万向节的最大特点是允许相邻两轴有较大的交角，最大可达 45°。采用此万向节的转向驱动桥可使汽车获得较小的转弯半径，提高了汽车的机动性。

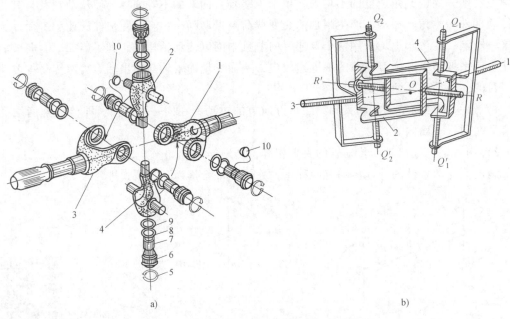

图 5-3　三销轴式万向节

1—主动偏心轴叉　2、4—三销轴　3—从动偏心轴叉　5—卡环

6—轴承座　7—衬套　8—毛毡圈　9—密封罩　10—止动垫片

5. 等角速万向节

等角速万向节的基本原理是从结构上保证万向节在工作过程中传力点始终位于两轴交点的平分面上。这一原理可用一对大小相同的锥齿轮传动来说明，如图 5-4b 所示。两个大小相同锥齿轮的接触点 P 位于两齿轮轴线交角 α 的平分面上，由 P 点到两轴的垂直距离都等于 r。P 点处两齿轮的圆周速度相等，因此两齿轮的角速度也相等。可见，若万向节的传力点在其交角变化时，始终位于两轴夹角的平分面上，就能保证等角速传动。

等角速万向节的常见类型有球叉式、球笼式和三叉式等。

（1）球叉式万向节　图 5-4a 所示为球叉式万向节的结构。

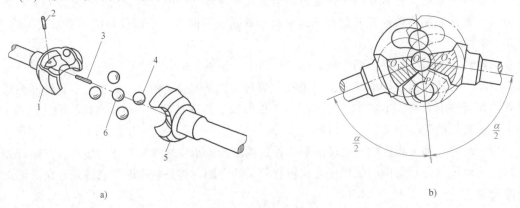

a)

b)

图 5-4　球叉式万向节

a）球叉式万向节　b）球叉式万向节等角速传动原理

1—从动叉　2—锁止销　3—定位销　4—传动钢球　5—主动叉　6—定位钢球

它主要由主动叉、从动叉、4个传动钢球、定位钢球、定位销、锁止销组成。主、从动叉分别与内、外半轴制成一体，叉内各有4条曲面凹槽，装合后形成两条相交的环槽，作为传动钢球的滚道，定心钢球装在两叉中心凹槽内，以定中心。球叉式万向节等速传动的原理如图5-4所示，主、从叉曲面凹槽的中心线分别是以 O_1、O_2 为圆心的两个半径相等的圆，且圆心 O_1、O_2 到万向节中心 O 的距离相等，这样无论主、从动轴以任何角度相交，传动钢球中心都位于两圆的交点上，从而保证传动钢球始终位于两轴交角 α 的平分面上，因而保证了等速传动。

球叉式万向节结构简单，允许轴间最大交角为 32°～38°，但由于工作时只有两个传动钢球传力，而另两个钢球则在反转时传力，因此钢球与滚道间的接触压力大、磨损快，影响其使用寿命，所以通常用于中、小型越野汽车的转向驱动桥上。

目前有些球叉式万向节中省去了定位销和锁止销，中心钢球不铣凹面，而靠压力装配，这样结构简单，但拆装不方便。

（2）球笼式万向节　球笼式万向节按其内、外滚道结构不同分为 RF 型球笼万向节、VL 型球笼万向节和球笼式双补偿万向节。

① RF 型球笼万向节。图 5-5 所示为奥迪 100 型和上海桑塔纳轿车半轴外万向节所采用的 RF 型球笼万向节。

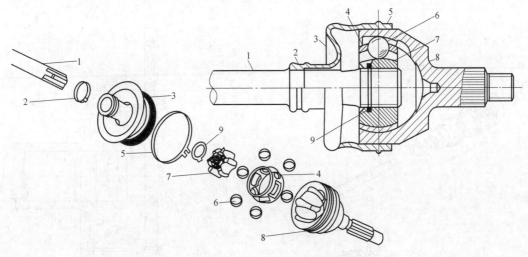

图 5-5　RF 型球笼万向节

1—中段半轴　2、5—钢带箍　3—外罩　4—球笼（钢球保持架）
6—钢球　7—内球座（内滚道）　8—外球道　9—卡环

② VL 型球笼式万向节。图 5-6 所示为奥迪 100 型和上海桑塔纳轿车转向驱动桥半轴内万向节（靠近主减速器处）所采用的 VL 型球笼式万向节。

③ 球笼式双补偿万向节。图 5-7 所示为球笼式双补偿万向节。

（3）三叉式等速万向节　图 5-8 所示为三叉式等速万向节，也称为三角式万向节。

6. 柔性万向节

图 5-9 所示为柔性万向节的结构。

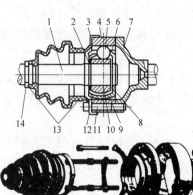

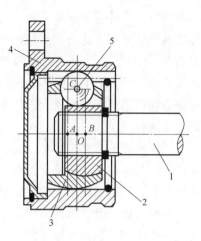

图 5-6　VL 型球笼式万向节

1—中半轴　2—挡圈　3—外罩　4—外球座　5—钢球

6—球笼　7—内半轴　8—卡环　9—密封垫　10—内球座

11—螺栓　12—锁片　13—箍带　14—防尘罩

图 5-7　球笼式双补偿万向节

1—主动轴　2—内球座　3—球笼

4—外球座　5—钢球

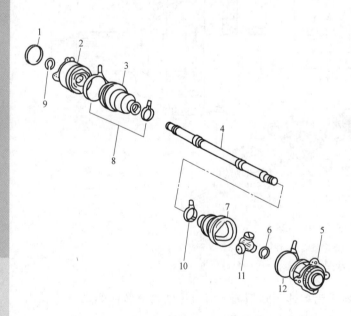

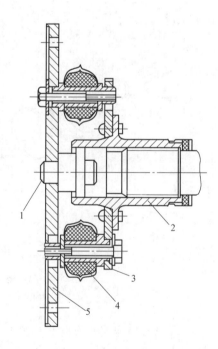

图 5-8　三叉式等速万向节

1—端盖　2—外万向节　3—外万向节防护罩　4—传动轴（中半轴）

5—内万向节套　6、9—卡环　7—内万向节防护罩

8、10、12—卡箍　11—三销总成

图 5-9　柔性万向节的结构

1—中心轴　2—花键毂　3—连接圆盘

4—弹性连接件　5—大圆盘

13.2 汽车起动撞击和滑行异响的故障原因分析

1）万向节产生磨损或损伤。

2）变速器输出轴花键磨损。

3）滑动叉花键磨损、损伤。

4）传动轴连接部位松动。

13.3 汽车起动撞击和滑行异响的故障排除

1）更换万向节。

2）更换变速器输出轴花键。

3）更换滑动叉花键。

4）拧紧传动轴连接部位螺栓。

作 业

完成"学习工作页"5.1 的测试题。

任务 14 汽车传动轴噪声的故障诊断与维修

任务接受

客户报修：汽车在行驶过程中，传动轴产生振动并传递给车身，引起车身振动和噪声，握转向盘的手感觉麻木，其振动强度和车速成正比。

任务准备

14.1 传动轴和中间支承

1. 传动轴的功用及构造

传动轴是万向传动装置中的主要传力部件，通常用来连接变速器（或分动器）和驱动桥，在转向驱动桥和断开式驱动桥中，则用来连接差速器和驱动轮。其构造如图 5-10 所示。

2. 传动轴的布置形式及万向节的装配特点

因驱动桥与车架是弹性连接的，因此普通万向传动装置不可能在任何情况下都保证等速传动，考虑到满载时传动系统负荷已很大，应尽量消除由于不等速传动产生的惯性附加载

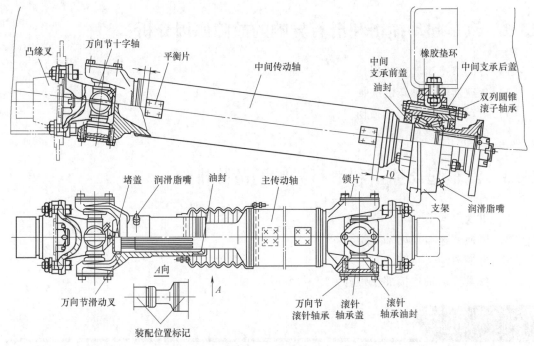

凸缘叉　万向节十字轴　平衡片　中间传动轴　橡胶垫环　中间支承前盖　油封　中间支承后盖　双列圆锥滚子轴承

堵盖　润滑脂嘴　油封　主传动轴　锁片　支架　润滑脂嘴

万向节滑动叉　A向　万向节滚针轴承　滚针轴承盖　滚针轴承油封

装配位置标记

图 5-10　传动轴

荷。轻载或空载时传动系统的负荷小、质量小，惯性冲击附加负荷也小，角速度差不大，可由传动系统的弹性变形来吸收。下面介绍传动轴的几种排列方法。

（1）越野汽车的传动轴　越野汽车的传动轴布置如图 5-11 所示，包括从变速器到分动器，再从分动器到各驱动桥。后桥传动轴分为中间传动轴和主传动轴，中间支承装在中驱动桥上。满载时变速器输出轴与分动器的各输出轴、中桥和后桥的输入轴以及中间支承的轴线近似平行。每一传动轴（中间支承可认为是一个传动轴）两端的万向节叉应装在同一平面内，满足平行排列或等腰三角形排列（如前桥传动轴）的等速条件。

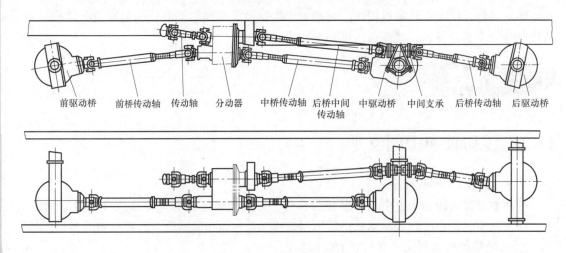

前驱动桥　前桥传动轴　传动轴　分动器　中桥传动轴　后桥中间传动轴　中驱动桥　中间支承　后桥传动轴　后驱动桥

图 5-11　越野汽车的传动轴布置

（2）普通汽车的传动轴

1）单节式传动轴。普通汽车最简单的传动轴只有一节，其两端用普通万向节分别与变速器和驱动桥连接。装配时，传动轴两端的万向节叉在同一平面内就能保证满载时实现等速传动。

2）双节式传动轴。传动轴分为两段，即中间传动轴和主传动轴，与3个万向节组成万向传动装置。

3）三节式传动轴。某些汽车的轴距长，传动轴制成3节以提高其刚度。前两节为中间传动轴，分别用中间支承支承于车架。每节传动轴两端的万向节叉都分别在同一平面内。

3. 中间支承

双节式传动轴的中间支承通常装在车架横梁上，能补偿传动轴轴向和角度方向的安装误差，以及汽车行驶过程中因发动机窜动或车架变形等引起的位移。

中间支承常用弹性元件来满足上述要求，它主要由轴承、带油封的盖、支架、弹性元件等组成。

有的汽车采用摆动式中间支承，如图 5-12 所示，它可绕支承轴摆动，改善了发动机轴向窜动时轴承的受力状况。橡胶衬套能适应传动轴轴线在横向平面内少量的位置变化。

三轴式越野汽车后桥传动装置的中间支承通常支承在中驱动桥上，如图 5-13 所示，中间支承用两个 U 形螺栓紧固在中驱动桥上，支承轴两端各用一个锥形轴承支承于壳体内，调节两油封座与壳体间的垫片可调整两锥形轴承的松紧度。两端万向节叉通过花键套在中间支承轴上，用螺母紧固。

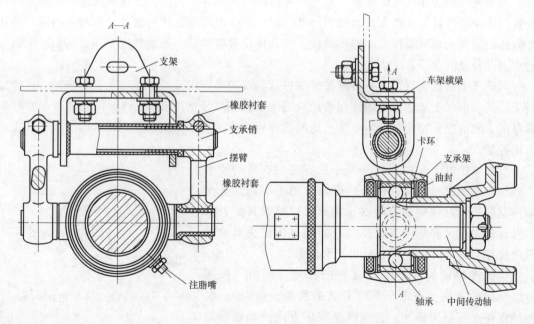

图 5-12　摆动式中间支承

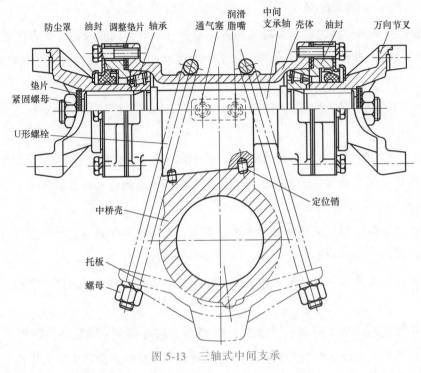

防尘罩　油封　调整垫片　轴承　　通气塞　润滑　中间　壳体　油封　　万向节叉
　　　　　　　　　　　　　　　　脂嘴　支承轴

垫片
紧固螺母

U形螺栓

中桥壳　　　　　　　　　　　　　　　　　　定位销

托板
螺母

图 5-13　三轴式中间支承

14.2　万向传动装置维护与检修

1.　万向传动装置的维护

万向传动装置在汽车的底部，泥土、灰尘极易侵入各个机件，在这些情况下，万向传动装置会出现各种耗损，造成传动轴的弯曲、扭转和磨损逾限，产生振动、异响等故障，破坏万向传动装置的动平衡特性、速度特性，使其传动效率降低、技术状况变坏，从而影响汽车的动力性和经济性。

对国产中型载货汽车，一级维护时应进行润滑和紧固作业。对传动轴的十字轴、传动轴滑动：叉、中间支承轴承等加注润滑脂（通常为锂基 2 号润滑脂）；检查传动轴各部螺栓和螺母的紧固情况，特别是万向节叉凸缘联接螺栓和中间支承支架的固定螺栓等，应按规定的力矩拧紧。

二级维护时，应按图 5-14 所示的方法检查传动轴十字轴轴承的间隙。十字轴轴承的配合应用手不能感觉出轴向移动量。对传动轴中间支撑轴承，应检查其是否松旷及运转中有无异响，当其径向松旷超过规定或拆检轴承出现粘着磨损时，应更换中间支承轴承。

拆卸传动轴时，要防止汽车的移动。同时，按图 5-15 所示的方法，在每个万向节叉的凸缘上做好标记，以确保作业后原位装复，否则极易破坏万向传动装置的平衡性，产生运转噪声和强烈振动。

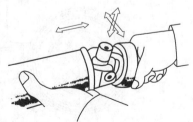

图 5-14　检查传动轴十字轴轴承的间隙

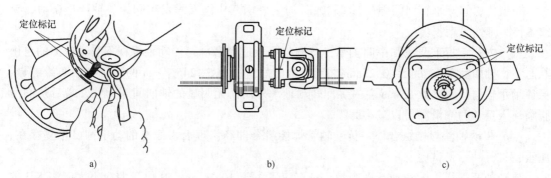

图 5-15　拆卸传动轴

　　拆卸传动轴时，应从传动轴后端与驱动桥连接处开始，先把与后桥凸缘联接的螺栓拧松取下，然后将与中间传动轴凸缘联接的螺栓拧下，拆下传动轴总成。接着，松开中间支承支架与车架的联接螺栓，最后松下前端凸缘盘，拆下中间传动轴。

　　2. 万向传动装置的检修

　　（1）传动轴　传动轴轴管的损伤形式有裂纹、严重的凹瘪。

　　传动轴轴管全长上的径向圆跳动公差应符合表 5-1 的规定。

表 5-1　径向圆跳动公差

轴长/mm	≤600	600~1000	>1000
径向圆跳动公差/mm	0.6	0.8	1.0

　　轿车传动轴径向圆跳动应比表 5-1 中相应减小 0.2mm。中间传动轴支撑轴颈的径向圆跳动为 0.10mm。当传动轴轴管的径向圆跳动超过表 5-1 中的规定时，应对传动轴进行校正或更换。传动轴花键与滑动叉花键、凸缘叉与所配合花键的侧隙：轿车应不大于 0.15mm，其他类型的汽车应不大于 0.30mm，装配后应能滑动自如。

　　（2）十字轴式万向节　万向节叉和十字轴的损伤形式有裂纹、磨损等。

　　当十字轴轴颈表面有疲劳剥落、磨损沟槽或滚针压痕深度在 0.10mm 以上时，应更换。

　　当滚针轴承的油封失效、滚针断裂、轴承内圈有疲劳剥落时，应更换。

　　十字轴与轴承的最小配合间隙应符合原厂规定，最大配合间隙应符合表 5-2 的规定。

表 5-2　最大配合间隙

十字轴颈直径/mm	≤18	18~23	>23
最大配合间隙	符合原厂规定	0.10mm	0.14mm

　　十字轴及轴承装入万向节叉后的轴向间隙：剖分式轴承承孔为 0.10~0.50mm；整体式轴承承孔为 0.02~0.25mm；轿车为 0~0.05mm。

　　（3）中间支承　中间支承的常见损伤形式是橡胶老化、轴承磨损所引起的振动和异响等。中间支承的橡胶垫环开裂、油封磨损严重而失效、轴承松旷或内孔磨损严重时，均应更换新的中间支承。中间支承轴承经使用磨损后，需及时检查和调整，以恢复其良好的技术状况。以解放 CA1091 型汽车为例，其传动系统中间支承为双列圆锥滚子轴承，有两个内圈和一个外圈，两内圈中间有一个隔套，供调整轴向间隙用。

磨损使中间支承轴向间隙超过 0.30mm 时，将引起中间支承发响和传动轴严重振动，导致各传力部件早期损坏。

调整方法：拆下凸缘和中间轴承，将调整隔板适当磨薄，传动轴承在不受轴向力的自由状态下，轴向间隙在 0.15~0.25mm 之间，装配好后用 195~245N·m 的力矩拧紧凸缘螺母，保证轴承轴向间隙在 0.05mm 左右，即转动轴承外圈而无明显的轴向间隙为宜，最后从润滑脂嘴注入足够的润滑脂，以减小磨损。

（4）传动轴管焊接组合件　传动轴管焊接组合件经修理后，原有的动平衡已不复存在，应重新进行动平衡试验。

传动轴两端任一端的动不平衡量：轿车应不大于 10g·cm；其他车型应不大于表 5-3 的规定。传动轴管焊接组合件的平衡可在轴管的两端加焊平衡片，每端最多不得多于 3 片。

表 5-3　其他车型传动轴动不平衡量

十字轴轴颈直径/mm	≤58	58~80	>90
最大允许动不平衡量/g·cm	30	50	100

（5）等速万向节　等速万向节常见的损伤形式是球形壳、球笼、星形套及钢球的凹陷、磨损、裂纹、麻点等，如果有则更换。若防护罩有刺破、撕裂等损坏现象，也应更换。

14.3　汽车传动轴噪声的故障诊断与维修

万向传动装置由于经常受汽车在复杂道路上行驶的影响，使传动轴在其角度和长度不断变化情况下传递转矩，常见的故障有传动轴振动、噪声等。产生这些故障的原因是零件的磨损、动平衡被破坏、材料质量不佳和加工缺陷等方面的原因。

（1）传动轴动不平衡

1）原因。

① 传动轴上的平衡块脱落。

② 传动轴弯曲或传动轴管凹陷。

③ 传动轴管与万向节叉焊接不正或传动轴未进行过动平衡试验和校准。

④ 伸缩叉安装错位，造成传动轴两端的万向节叉不在同一平面内，使传动轴失去平衡。

2）故障诊断与排除方法。

① 检查传动轴管是否凹陷。

② 检查传动轴管上的平衡片是否脱落。

③ 检查伸缩叉安装是否正确。

④ 拆下传动轴进行动平衡试验。

（2）传动轴弯曲、扭转变形　传动轴弯曲、扭转变形会引起振动和噪声，在汽车高速行驶时还可能有使花键脱落的危险。检查传动轴直线度误差，若超过极限，应更换或进行校正。

（3）万向节松旷、异响、严重磨损

1）万向节松旷。

① 原因。凸缘盘联接螺栓松动；万向节主、从动部分游动角度太大；万向节十字轴磨

损严重。

② 故障诊断与排除方法。

a）用榔头轻轻敲击各万向节凸缘盘连接处，检查其松紧度。若太松旷，则故障由联接螺栓松动引起，否则继续检查。

b）用双手分别握住万向节主、从动部分转动，检查游动角度。若游动角度太大，则故障由此引起。

2）万向节和伸缩叉响。

① 原因。

a）万向节凸缘盘联接螺栓松动。

b）万向节轴承磨损松旷。

c）伸缩叉磨损松旷。

② 故障诊断与排除方法。

a）检查万向节凸缘盘联接螺栓。若松动，则故障由此引起。

b）用两手分别握住万向节、伸缩叉的主、从动部分检查游动角度。若万向节游动角度太大，则异响由此引起；若伸缩叉游动角度太大，则异响由此引起。

3）万向节严重磨损。对于普通十字轴万向节，如果严重磨损，应更换十字轴轴承；对于等速万向节，应更换整个万向节。

（4）变速器输出轴花键齿磨损严重　若花键齿磨损严重，超过规定极限值，应更换相关部件。

（5）中间支撑松旷、磨损

1）原因。

① 滚动轴承缺油烧蚀或磨损严重。

② 中间支撑安装方法不当，造成附加载荷而产生异常磨损。

③ 橡胶圆环损坏。

④ 车架变形，造成前、后连接部分的轴线在水平面内的投影不同线而产生异常磨损。

2）故障诊断与排除方法。

① 给中间支撑轴承加注润滑脂，若响声消失，则故障由缺油引起；否则继续检查。

② 松开夹紧橡胶圆环的所有螺钉，待传动轴转动数圈后拧紧，若响声消失，则故障由中间支撑安装方法不当引起。否则故障可能是橡胶圆环损坏、滚动轴承技术状况不佳、车架变形等引起。

作　业

完成"学习工作页"5.2的测试题和实训6。

项目6 驱动桥的故障诊断与维修

学习目标

1. 知识要求

1) 能够简述驱动桥的功用、组成与类型。
2) 能够简述主减速器的功用、类型、构造与工作原理。
3) 能够简述差速器的功用、类型、构造与工作特性。
4) 掌握半轴和桥壳的功用、类型与构造。

2. 技能要求

1) 能够检修主减速器。
2) 能够检修差速器。
3) 能够诊断与排除驱动桥的常见故障。

任务15 驱动桥漏油的故障诊断与维修

任务接受

客户报修：驱动桥加油口、放油口螺塞处或油封、各接合面处有明显的漏油痕迹。

任务准备

15.1 驱动桥的构造与工作原理

1. 驱动桥的功用、组成

驱动桥的功用是将万向传动装置（或变速器）传来的动力经降速增矩、改变动力传递方向（发动机纵置时）后，分配到左、右驱动轮，使汽车行驶，并允许左、右驱动轮以不同的转速旋转。

驱动桥是传动系统最末端的总成，它由主减速器、差速器、中轴和桥壳组成。

2. 驱动桥的类型

按悬架结构不同，驱动桥可分为整体式和断开式两种。

（1）整体式驱动桥　如图6-1所示，整体式驱动桥采用非独立悬架，其驱动桥壳为一个刚性的整体，两端通过悬架与车架连接；行驶时左、右驱动轮不能相互独立地跳动，整个车

桥和车身会随着路面的凸凹变化而发生倾斜；这种结构多用于汽车的后桥上。

（2）断开式驱动桥 如图6-2所示，断开式驱动桥采用独立悬架，其主减速器固定在车架上，驱动桥壳制成分段并用铰链连接，半轴也分段并用万向节连接。驱动桥两端分别用悬架与车架连接，这样，两侧的驱动轮及桥壳可以彼此独立地相对于车架上下跳动，而车身不会随车轮跳动，提高了行驶平顺性和通过性。

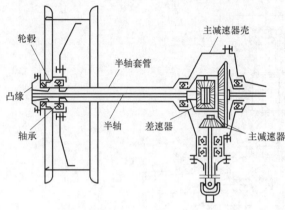

图6-1 整体式驱动桥

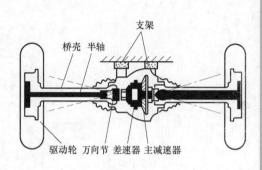

图6-2 断开式驱动桥

有些汽车的断开式驱动桥省去了桥壳，主减速器与驱动轮之间通过摆臂铰链连接，半轴分段并用万向节相连接。

发动机前置前轮驱动轿车的驱动桥将变速器、主减速器、差速器一同安装在变速器壳内，由于取消了贯穿前后的传动轴，简化了结构，有效地减小了传动系统的体积，使轿车的自重减轻，而且将动力直接传给前轮，提高了传动效率。

3. 主减速器的功用、类型

主减速器的功用是使输入转矩增大、转速降低，并将动力传递方向改变后（发动机横置的除外）传给差速器。

为满足不同的使用要求，主减速器的结构形式有所不同，但都是由齿轮机构、支承调整装置和主减速器壳构成，其主要类型有以下几种：

（1）按照减速传动的齿轮副数目分

1）单级式主减速器。

2）双级式主减速器。

（2）按照主减速器传动速比个数分

1）单速式主减速器（只有一个固定的传动比）。

2）双速式主减速器（有两个传动比）。

（3）按照齿轮副结构形式分

1）圆柱齿轮式（可分为定轴轮系式和行星轮系式）主减速器。

2）圆锥齿轮式（可分为螺旋锥齿轮和双曲面锥齿轮式）主减速器。

4. 主减速器的构造与工作原理

（1）单级式主减速器 单级式主减速器具有结构简单、质量和体积小、传动效率高的优点，且动力性能满足中型以下货车及轿车的要求。因此，这些车型普遍采用单级主减

速器。

当发动机横向布置时，由于主减速器主动齿轮轴线与差速器轴线平行，因此主减速器采用一对斜齿圆柱齿轮传动即可，无需改变动力的传递方向。在发动机纵向布置的汽车上，由于需要改变动力传递方向（一般为90°），主减速器都采用一对圆锥齿轮传动。

图6-3所示为东风EQ1090型汽车的单级式主减速器。

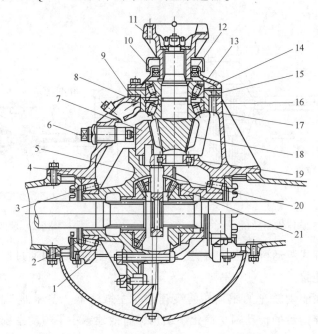

图6-3　东风EQ1090型汽车的单级式主减速器

1—差速器轴承盖　2—轴承调整螺母　3、13、17—圆锥滚子轴承　4—主减速器壳　5—差速器壳　6—支承螺栓
7—从动锥齿轮　8—进油道　9、14—调整垫片　10—防尘罩　11—叉形凸缘　12—油封　15—轴承座　16—回油道
18—主动锥齿轮　19—圆柱滚子轴承　20—行星齿轮球面垫片　21—行星齿轮

图6-4所示为上海桑塔纳轿车的单级式主减速器。

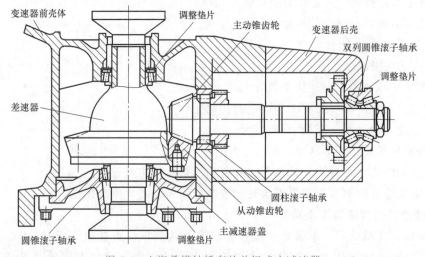

图6-4　上海桑塔纳轿车的单级式主减速器

图 6-5 所示为分解后的主减速器总成图。

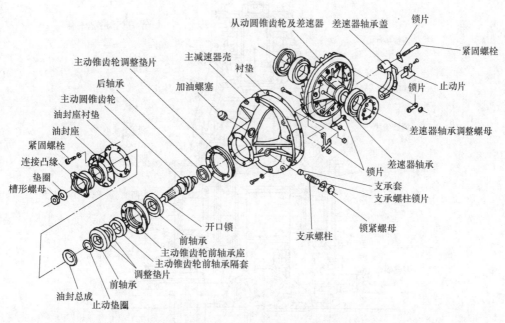

图 6-5　分解后的主减速器总成图

（2）双级式主减速器　当汽车要求主减速器具有较大的传动比时，如果由一对锥齿轮构成的单级主减速器来完成，就需把副锥齿做得很大，体积的增大就不能保证足够的离地间隙。这时需要采用两对齿轮降速的双级式主减速器，以使其既能保证足够的动力，又能减小其外廓尺寸，提高汽车的通过性。图 6-6 所示为单级式和双级式主减速器的结构简图。

图 6-7 所示为解放 CA1091 型汽车双级式主减速器。其第一级为锥齿轮传动，第二级为圆柱斜齿轮传动。

与单级式主减速器相比，双级式主减速器具有下述主要结构特点：

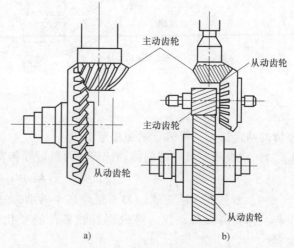

图 6-6　单级式和双级式主减速器的结构简图
a）单级　b）双级

1）第一级传动为一对螺旋锥齿轮，它具有单级锥齿轮的基本调整装置——轴承的预紧度调整装置和齿轮啮合状况调整装置。主动锥齿轮通常采用悬臂式支承。

2）第二级传动为一对斜齿圆柱齿轮。

3）多了一中间轴，因此也多了一套调整装置。该调整装置只能调整第一级锥齿轮副的啮合状况，不能调整第二级圆柱斜齿轮的啮合状况。它只能使第二级圆柱齿轮轴向移动，调

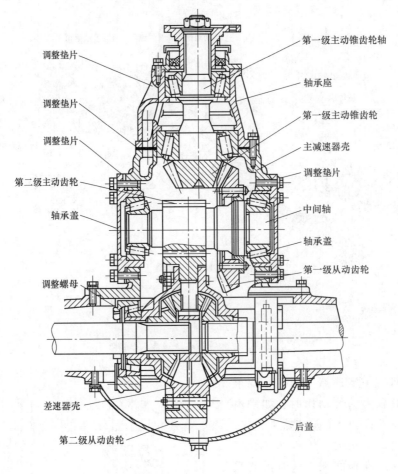

图 6-7　解放 CA1091 型汽车双级式主减速器

整齿的啮合长度，使啮合副互相对正。

4）双级式主减速器的传动比等于两级齿轮传动比的乘积，即

$$i_0 = i_{01} \times i_{02}$$

（3）双速式主减速器　为了提高汽车的动力性和经济性，有些汽车的主减速器具有两个档，即有两个传动比，可根据行驶条件的变化改变档位，这种主减速器称为双速主减速器。

（4）贯通式主减速器　有些多轴驱动的越野汽车为了简化结构、增大离地间隙，分动器到同一方向的两驱动桥之间只有一套万向传动装置。这样，传动轴须从离分动器较近的驱动桥中穿过，再通向离分动器较远的驱动桥。这种被传动轴穿过的驱动桥称为贯通式驱动桥，相应的主减速器称为贯通式主减速器。

图 6-8 所示为延安 SX2150 型 6X6 越野汽车贯通式双级式主减速器（中驱动桥上）。第一级传动为斜齿圆柱齿轮，传动比为 1.19。主动斜齿圆柱齿轮用花键套装在贯通轴上，贯通轴穿出驱动桥壳通向后驱动桥。第二级传动为双曲面锥齿轮，传动比为 5.429。故主减速器传动比 $i_0 = 1.19 \times 5.429 = 6.46$。从动锥齿轮用铆钉铆接在差速器壳上。在某些汽车贯通式

主减速器结构中，也有第一级用锥齿轮传动、第二级用圆柱齿轮传动的。

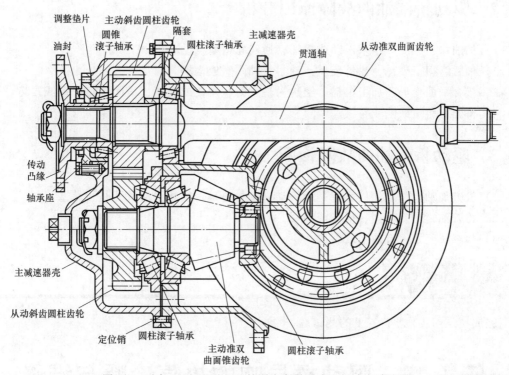

图 6-8 延安 SX2150 型 6X6 越野汽车贯通式双级式主减速器

（5）轮边减速器 有些重型汽车为了增加最小离地间隙，同时获得大的传动比，以提高通过能力和动力性，将双级主减速器的第二级齿轮减速机构放在两侧车轮近旁，称为轮边减速器。

19. 主减速器
工作原理

轮边减速器有定轴轮系和行星轮系两种结构形式。定轴轮系轮边减速器用一对外啮合（或内啮合）圆柱齿轮减速。

图 6-9 所示为行星齿轮式轮边减速器传动示意图。齿圈与半轴套管固定在一起，中心齿轮与半轴连成一体，行星齿轮轴、行星齿轮架与轮毂连成一体。行星齿轮轴上松套着行星齿轮。半轴传来的动力经太阳轮、行星齿轮、行星齿轮轴及行星齿轮架传给驱动轮，因行星齿轮的自转使行星齿轮轴及与之相连的行星架和车轮得以降速。行星齿轮机构的传动比 i_{02} 为

$$i_{02} = 1 + \frac{齿圈的齿数}{太阳轮的齿数}$$

主减速器的传动比 i_0 为第一级齿轮副的传动比 i_{01} 与行星齿轮机构传动比 i_{02} 的乘积，即

$$i_0 = i_{01} \times i_{02}$$

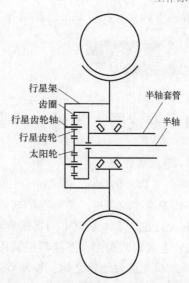

图 6-9 行星齿轮式轮边减速器传动示意图

15.2　驱动桥漏油的故障原因分析

1）加油口、放油口螺塞松动或损坏，通气孔堵塞。

2）油封磨损、硬化，油封装反，油封与轴颈磨成沟槽。

3）接合平面变形、加工粗糙，密封衬垫太薄、硬化或损坏，紧固螺钉松动或损坏。

4）桥壳有铸造缺陷或裂纹。

15.3　驱动桥漏油的故障诊断

1）检查加油口、放油口螺塞是否松动；密封垫是否损坏；通气孔是否堵塞。

2）检查油封是否磨损、损坏或装反。

3）检查桥壳是否有缺陷或裂纹。

作　业

完成"学习工作页"6.1的测试题。

任务16　驱动桥异响的故障诊断与维修

任务接受

客户报修：汽车运行时驱动桥发出不正常的响声，可分为驱动时发出的异响、滑行时发出的异响及转弯行驶时发出的异响等。

任务准备

16.1　差速器、半轴、桥壳和主减速器的构造与工作原理

1. 普通差速器

（1）差速器的功用、类型

1）差速器的功用。差速器的功用是将主减速器传来的动力传给左、右两个半轴，并在必要时允许左、右半轴以不同转速旋转，以满足两侧驱动轮差速的需要。

2）差速器的类型。差速器按其用途可分为轮间差速器和轴间差速器。轮间差速器装在同一驱动桥两侧驱动轮之间，轴间差速器装在各驱动桥之间。

无论是轮间差速器还是轴间差速器，按其工作特性均可分为普通差速器和防滑差速器两

大类。

（2）普通齿轮式差速器的构造与工作特性

1）差速器的构造。普通齿轮式差速器有锥齿轮式和圆柱齿轮式两种。目前，锥齿轮式差速器因其结构简单、紧凑，工作平稳而得到了广泛应用。

图 6-10 所示为行星锥齿轮差速器。

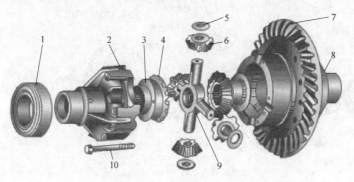

图 6-10　行星锥齿轮差速器

1—轴承　2—左外壳　3—垫片　4—半轴齿轮　5—垫圈　6—行星齿轮　　　20. 差速器工作原理
7—从动齿轮　8—右外壳　9—十字轴　10—螺栓

差速器靠主减速器壳内的齿轮油来润滑，因此，差速器壳上开有供齿轮油进出的窗孔。为了保证行星齿轮与十字轴轴颈之间的润滑，在十字轴轴颈上铣有平面，并在行星齿轮的齿间钻有油孔与其中心孔相通。同样，半轴齿轮齿间也钻有油孔，与其背面相通以加强背面与差速壳之间的润滑。

工作时，主减速器的动力传至差速器壳，依次经十字轴、行星齿轮和半轴齿轮传给半轴，再由半轴传给驱动车轮。当两侧车轮阻力相同、两侧车轮以相同速度转动时，行星齿轮只绕半轴轴线转动（即只有公转）。

在中型以下的货车或轿车上，因传递的转矩较小，故可用两个行星齿轮传递转矩，相应的行星齿轮轴为直轴。上海桑塔纳轿车差速器即采用这种结构，如图 6-11 所示。差速器壳为一个整体框架结构。行星齿轮轴装入差速器壳后用止动销定位。半轴齿轮背面也制成球面，其背面的止动垫片与行星齿轮背面的止动垫片制成一个整体，称为复合式止动垫片。螺纹套可用来紧固半轴齿轮。

2）差速器的工作特性。

① 差速器的运动特性。图 6-12 所示为行星锥齿轮差速器的运动原理图。

② 差速器的转矩特性。图 6-13 所示为行星锥齿轮差速器的转矩分配示意图。

上述普通锥齿轮式差速器转矩等量分配的特性对于汽车在良好路面上行驶是有利的，但如果汽车的一个驱动轮遇到冰雪或泥泞路面时，这种转矩等量分配的特性却会严重影响其通过能力。由于汽车两侧驱动轮的附着条件不同，这种差速器等量分配转矩的特性使附着力好的驱动轮只能分配到与打滑车轮同样小的转矩，以致总的牵引力不足以克服行驶阻力，使汽车不能前进。

为了提高汽车通过坏路面的能力，可采用防滑差速器。当汽车某一侧驱动轮发生滑转时，差速器的差速作用即被锁止，并将大部分或全部转矩分配给未滑转的驱动轮，充分利用

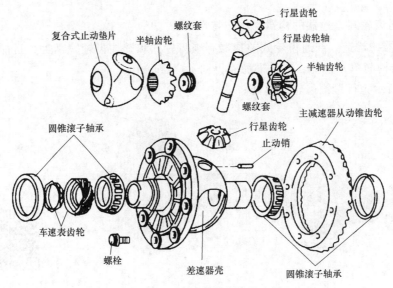

图 6-11　上海桑塔纳轿车差速器

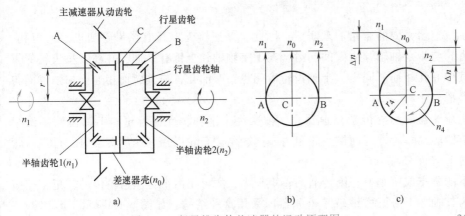

图 6-12　行星锥齿轮差速器的运动原理图

21. 差速器运动特性

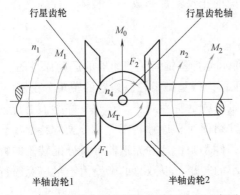

图 6-13　行星锥齿轮差速器的转矩分配示意图

22. 差速器转矩特性

未滑转车轮与地面之间的附着力，以产生足够的牵引力使汽车继续行驶。

2. 防滑差速器

汽车上常用的防滑差速器有人工强制锁止式和自锁式两大类。前者通过驾驶人操纵差速锁，人为地将差速器暂时锁住，使差速器不起差速作用；后者是在汽车行驶过程中，根据路面情况自动改变驱动轮间的转矩分配。常用的自锁式差速器有摩擦片式和托森式等多种结构形式。

1）强制锁止式差速器。强制锁止式差速器是在行星锥齿轮差速器上装设了差速锁，需要时，由驾驶人操纵差速锁，使差速器不起差速作用，相当于把左、右两半轴连锁成一个整体。

图6-14所示为奔驰2026A型汽车强制锁止式差速器，它的差速锁由牙嵌式接合器及其操纵机构两大部分组成。牙嵌式接合器的固定接合套26用花键与差速器壳24左端连接，并用弹性挡圈27轴向限位。滑动接合套28用花键与半轴29联结，并可在轴上轴向滑动，其上的环槽中插装有拨叉37。当汽车在良好路面上行驶不需要锁止时，牙嵌式接合器的滑动接合套28与固定接合套26不嵌合，处于分离状态，此时为普通行星锥齿轮差速器。

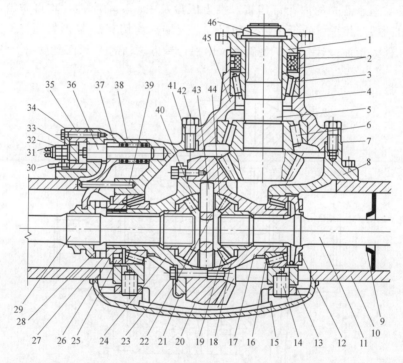

图6-14　奔驰2026A型汽车强制锁止式差速器

1—传动凸缘　2—油封　3、6、16—轴承　4—调整隔圈　5—主减速器主动齿轮　7—调整垫片　8—主减速器壳
9—挡油盘　10—桥壳　11、29—半轴　12、25—调整螺母　13—轴承盖　14—定位销　15—集油槽
17、24—差速器壳　18、44—止动垫片　19—半轴齿轮　20—主减速器从动齿轮　21—锁板　22—衬套
23—螺栓　26—固定接合套　27—弹性挡圈　28—滑动接合套　30—气管接头　31—活塞　32—差速锁指示灯开关
33—调整螺钉　34—缸盖　35—缸体　36—拨叉轴　37—拨叉　38—弹簧　39—导向轴　40—行星齿轮
41—密封圈　42、46—螺母　43—十字轴　45—轴承座

当汽车通过坏路面需要锁止时，通过驾驶人的操纵，压缩空气由气管接头30进入气动活塞缸左腔，推动活塞31右移，并经调整螺钉33和拨叉轴36推动拨叉37使其压缩弹簧38

右移，从而拨动滑动接合套 28 右移与固定接合套 26 嵌合，将左半轴 29 与差速器壳 24 连成一体，则左、右两半轴被连锁成一体随差速器壳 24 一起转动，即差速器被锁止，不起差速作用。这样，转矩可全部分配给处于良好路面上的车轮。与此同时，差速锁指示灯开关 32 接通，驾驶室内指示灯亮，以提醒驾驶人差速器处于锁止状态，汽车驶出坏路面后应及时摘下差速锁。

当需要解除差速器的锁止时，通过操纵机构放掉气缸内的压缩空气，使作用在活塞左端面的气压消失，拨叉 37 及滑动接合套 28 在弹簧 38 的作用下左移回位，接合器分离，差速器恢复差速作用，同时差速器指示灯熄灭。

强制锁止式差速器结构简单、易于制造，但操纵不便，一般要在停车时进行操作。

2）摩擦片式自锁差速器。图 6-15 所示为摩擦片式自锁差速器。它是在普通行星锥齿轮差速器的基础上发展而成的。它在两半轴齿轮背面与差速器壳之间各装有一套摩擦式离合器，以增加差速器内的摩擦力矩。摩擦式离合器由推力压盘、主动摩擦片、从动摩擦片组成。推力压盘上的内花键与半轴相连，而其上的外花键与从动摩擦片的内花键连接。主动摩擦片的外花键与差速器壳的内花键连接。推力压盘及主、从动摩擦片均可做微小的轴向移动。十字轴由两根互相垂直的行星齿轮轴组成，其端部均切有凸 V 形斜面，差速器壳上与之相配合的孔稍大于轴，且有凹 V 型斜面。两根行星齿轮轴的 V 形面是反向安装的。

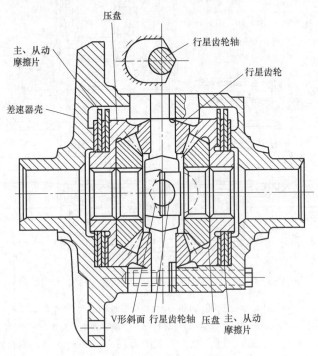

图 6-15　摩擦片式自锁差速器

当两侧驱动轮阻力相同、两半轴无转速差时，转矩平均分配给两半轴。由于差速器壳通过 V 形斜面驱动行星齿轮轴，在传递转矩时，斜面上产生的平行于差速器轴线的轴向分力迫使两根行星齿轮轴分别向左、右方向略微移动，通过行星齿轮推动推力压盘压紧摩擦片。此时转矩经两条路线传给半轴：一路经行星齿轮轴、行星齿轮和半轴齿轮将大部分转矩传给半轴；另一路由差速器壳、主动摩擦片、从动摩擦片、推力压盘传给半轴。

当一侧车轮在坏路面上滑转或转弯时，两侧驱动轮阻力不相等，差速器起差速作用，使两半轴转速不相等，即一侧半轴的转速高于差速器壳的转速，另一侧半轴的转速低于差速器壳的转速。这样，由于转速差及轴向力的存在，主、从动摩擦片间将产生摩擦力矩，且经从动摩擦片及推力压盘传给两半轴的摩擦力矩方向相反：与快转半轴的转向相反，而与慢转半轴的转向相同。因而使得慢转半轴分配到的转矩大于快转半轴分配到的转矩。摩擦作用越强，两半轴的转矩差越大，最大可达7倍。

摩擦片式自锁差速器结构简单、工作平稳，多用于轿车或轻型货车。

3）托森差速器。图6-16所示为奥迪80和奥迪90全轮驱动的轿车前、后驱动桥之间采用的新型托森差速器。它是一种轴间自锁差速器，安装在变速器后端。转矩由变速器输出轴传给托森差速器，再由差速器直接分配给前驱动桥和后驱动桥。

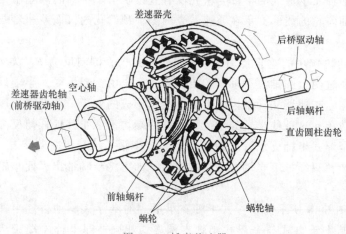

图6-16 托森差速器

23.锁止差速器工作原理

托森差速器由差速器壳、6个蜗轮、6根蜗轮轴、12个直齿圆柱齿轮及前、后轴蜗杆组成。空心轴和差速器壳通过花键相连而一同转动。蜗轮通过蜗轮轴固定在差速器壳上，3对蜗轮分别与前、后轴蜗杆相啮合，每个蜗轮两端分别固定一个圆柱直齿轮。与前、后轴蜗杆相啮合的蜗轮彼此通过直齿圆柱齿轮相啮合，前轴蜗杆和驱动前桥的差速器齿轮轴为一体，后轴蜗杆和驱动后桥的驱动凸缘盘为一体。

当汽车直线行驶（或前、后驱动条件相同），前、后驱动桥无转速差时，来自发动机的驱动力通过空心轴传至差速器壳。差速器壳通过蜗轮轴将驱动力传至蜗轮（此时蜗轮无自转），再传到前、后轴蜗杆。前轴蜗杆通过差速器齿轮轴将动力传至前桥，后轴蜗杆通过驱动轴凸缘盘将驱动力传至后桥，从而实现前、后驱动桥的同速驱动。差速器不起差速作用。

当汽车转弯（或前、后驱动条件不同）时，前、后驱动桥出现转速差，通过啮合的直齿圆柱齿轮相对转动（即蜗轮自转），使一轴蜗杆转速加快、另一轴蜗杆转速下降，实现差速作用。差速器能使转速较低的驱动桥比转速较高的驱动桥分配到的转矩大，即附着力大的驱动桥比附着力小的驱动桥得到的驱动转矩大。由此可见，差速器内的速度平衡是通过直齿圆柱齿轮来完成的。同理，当前、后驱动桥中某一桥因附着力小而出现滑转时，差速器起作用。差速器将转矩的大部分分配给附着力好的另一驱动桥（最大可达3.5倍），从而提高了汽车通过坏路面的能力。

3. 半轴

半轴用于将差速器传来的动力传给驱动轮。因其传递的转矩较大，常制成实心轴。半轴的结构因驱动桥结构形式的不同而不同。整体式驱动桥中的半轴为一个刚性整轴；转向驱动桥和断开式驱动桥中的半轴是分段的并用万向节联结。半轴内端一般制有外花键与半轴齿轮联结，其外端与轮毂连接。

半轴的受力情况由半轴与驱动轮的轮毂在桥壳上的支承形式而定。现代汽车常采用全浮式半轴支承和半浮式半轴支承两种半轴支承形式。

（1）全浮式半轴支承　全浮式半轴支承多用于货车。图 6-17 所示为全浮式半轴支承示意图。它表明汽车半轴外端与轮毂、桥壳的连接情况。半轴外端锻有凸缘，借螺柱与轮毂连接，轮毂用两个相距一段距离的圆锥滚子轴承支承在半轴套管上。半轴套管与空心梁压配成一体，组成驱动桥壳。这种半轴支承形式的半轴与桥壳没有直接联系。半轴的内端用花键与差速器的半轴齿轮连接，半轴齿轮的毂部支承在差速器壳两侧轴颈的孔内，而差速器壳以其两侧轴颈直接支承在桥壳上。

在半轴外端，路面对驱动轮作用的垂直反力 F_Z、切向反力 F_X、侧向反力 F_Y 以及由它们形成的弯矩，直接由轮毂通过两个圆锥滚子轴承传给桥壳，完全由桥壳承受，半轴只承受转矩。同样，半轴内端作用在主减速器从动锥齿轮上的力及其形成的弯矩，全部由差速器壳直接承受，半轴内端只承受转矩。这种使半轴只承受转矩而两端均不承受其他任何反力和反力矩的半轴支承形式，称为全浮式半轴支承。所谓"浮"是指半轴不承受弯曲载荷。

全浮式半轴支承便于拆装，只须拧下半轴凸缘上的螺钉，即可将半轴抽出，而车轮和桥壳照样能支持住汽车。

（2）半浮式半轴支承　图 6-18 所示为半浮式半轴支承形式的半浮式驱动桥。半轴内端通过花键与半轴齿轮联结，其支承方式与全浮式半轴支承方式相同，即半轴内端只承受转矩，不承受弯矩。半轴外端制成锥形，锥面上铣有键槽，最外端制有螺纹。轮毂以其相应的锥孔与半轴上的锥面配合，并用键联结，用螺母紧固。半轴用一个圆锥滚子轴承直接支承在桥壳凸缘的座孔内。车轮与桥壳之间无直接联系，而支承于悬伸出的半轴外端。因此，路面作用于车轮的各种反作用力及其反力矩都须经半轴外端的悬伸部分传给桥壳，使半轴外端不仅要承受转矩，还要承受各种反力及其反力矩。这种半轴内端只受转矩，而外端除承受转矩外，还要承受全部弯矩的半轴支承形式，称为半浮式半轴支承。

为了对半轴进行轴向限位，差速器内装有止动垫块，以限制其向内轴向窜动；而半轴向外的轴向窜动则通过制动底板对轴承限位来限制。

半浮式半轴支承结构简单，但半轴受力情况复杂且拆装不便，多用于反力、弯矩较小的各类轿车上。

4. 桥壳

驱动桥壳既是传动系统的组成部分，也是行驶系统的组成部分，其功用是安装并保护主减速器、差速器和半轴，以及安装悬架或轮毂。它还要与从动桥一起支承汽车悬架以上各部分质量，承受驱动轮传来的反力和力矩，并在驱动轮与悬架之间传力。因此，要求桥壳具有足够的强度和刚度，质量小，便于制造，便于主减速器的拆装和调整。

驱动桥壳可分为整体式和分段式两类，一般多采用整体式。整体式桥壳因制造方法不同有多种形式，常见的有整体铸造、中段铸造压入钢管、钢板冲压焊接等形式。

图 6-19 所示为解放 CA1092 型汽车的整体铸造式驱动桥壳。它由空心梁、半轴套管、主减速器壳及后盖等组成。空心梁用球墨铸铁铸成，中部有一个环形大通孔，前端用以安装主减速器及差速器总成，后端用来检视主减速器及差速器的工作情况。后盖通过螺钉安装于后端面，后盖上装有检查油面用的螺塞。空心梁上的凸缘盘用来固定制动底板，两端压入钢制半轴套管，并用止动螺钉限定位置。半轴套管外端轴颈用来安装轮毂轴承，其最外端制有螺纹以便对轴承进行限位及预紧度调整。

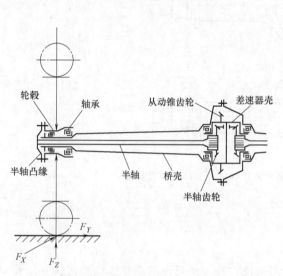

图 6-17　全浮式半轴支承示意图

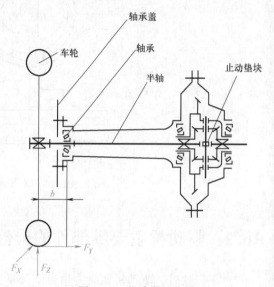

图 6-18　半浮式驱动桥

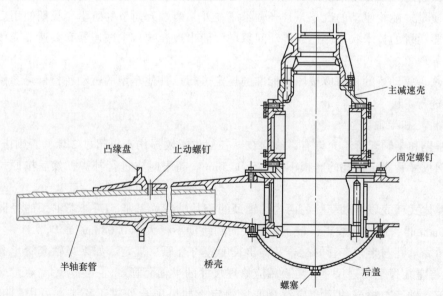

图 6-19　解放 CA1092 型汽车的整体铸造式驱动桥壳

这种铸造的整体式桥壳具有较大的强度和刚度且便于主减速器的拆装和调整，缺点是质量大、铸造质量不易保证，适用于中型以上货车。

图 6-20 所示为北京 BJ1040 型汽车的钢板冲压焊接的整体式驱动桥壳。它主要由冲压成

形的上、下两个主件，4块三角形镶块，前、后加强环，后盖及两端半轴套管组焊而成。

这种冲压焊接的整体式桥壳具有质量小、工艺简单、材料利用率高、成本低等优点，广泛应用于中型及中型以下的汽车上。

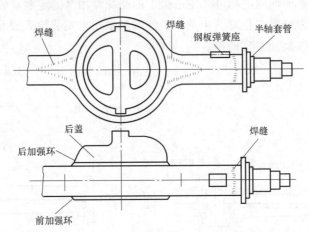

图 6-20　北京 BJ1040 型汽车的钢板冲压焊接的整体式驱动桥壳

16.2　驱动桥主要零部件的检修

汽车行驶时，驱动桥的受力情况十分复杂，而且它是传动系统的最终传动总成，其所受的各种应力远远大于传动系统的其他部位。后轮驱动的汽车，其驱动桥壳要承受相当大的一部分载重质量。前轮驱动的汽车，其半轴暴露在外，两端万向节的防尘套长期使用后的老化都会影响驱动桥的技术状况，造成传动间隙增大而出现异响、主减速器和差速器壳体温度过高、漏油等现象。

国产汽车驱动桥的检修应按国家标准的规定进行。其他车型的驱动桥检修可参阅厂家的维修手册进行。

（1）桥壳和半轴套管

1）桥壳和半轴套管不允许有裂纹存在。各部位螺纹损伤不得超过2牙，否则应更换。

2）钢板弹簧座定位孔的磨损不得大于1.5mm。超限时先进行补焊，然后按原位置重新钻孔。

3）整体式桥壳以半轴套管的两内端轴颈的公共轴线为基准。两外端轴颈的径向圆跳动超过0.30mm时，应进行校正，校正后的径向圆跳动不得大于0.08mm。

4）桥壳承孔与半轴套管的配合及伸出长度应符合原厂规定。如果半轴套管承孔的磨损严重，可将座孔镗至修理尺寸，更换相应修理尺寸的半轴套管。

5）滚动轴承与桥壳的配合应符合原厂规定。如果配合处过于松旷，可用刷镀修复轴承孔。

（2）半轴

1）半轴应进行探伤检查，不得有裂纹存在。半轴花键应无明显的扭曲，否则应更换。

2）以半轴轴线为基准，半轴中段未加工圆柱体的径向圆跳动不得大于1.30mm，花键

外圆柱面的径向圆跳动误差不得大于0.25mm；半轴凸缘内侧端面圆跳动公差不得大于0.15mm。如果径向圆跳动超限，应进行冷压校正；如果端面圆跳动超限，可车削端面进行修正。

3）半轴花键与半轴齿轮及凸缘键槽的侧隙增大量不得大于原厂设计规定的0.15mm。

（3）主减速器壳

1）轮毂应无裂损，轮毂各部位螺纹的损伤不得多于2牙，否则应更换。

2）轮毂与半轴凸缘及制动鼓的结合端面对轮毂内、外轴承孔公共轴线的端面圆跳动公差为0.15mm，若超限，可车削修复。

3）轮毂轴承孔与轴承的配合应符合原厂规定。若轴承孔磨损逾限，可用刷镀或喷焊修复。

主减速器的调整

主减速器的调整包括主、从动圆锥齿轮轴承预紧度的调整（含差速器轴承预紧度的调整），主、从动锥齿轮啮合印痕和啮合间隙的调整等项目。主减速器的调整质量是决定主减速器锥齿轮副使用寿命的关键。因此，在进行调整作业时，必须遵守主减速器的调整规则：先调整轴承的预紧度，再调整啮合印痕，最后调整啮合间隙。主、从动锥齿轮轴承的预紧度必须按原厂规定的数值和方法进行调整与检查。在主减速器调整过程中，轴承的预紧度不得变更，始终都应符合原厂规定值。在保证啮合印痕合格的前提下，调整啮合间隙，且啮合印痕、啮合间隙和啮合间隙的变化量都必须符合技术条件，否则应成对更换齿轮副。

（1）轴承预紧度的调整 安装主、从动锥齿轮轴上采用的圆锥滚子轴承时，应具有一定的预紧力，以消除轴承多余的轴向和径向间隙，平衡一部分前、后轴承的轴向负荷。这对主、从动锥齿轮工作时保持正确的啮合，前、后轴承获得较为均匀的磨损，都是十分必要的。

1）主动锥齿轮轴承预紧度的调整。主动锥齿轮轴承预紧度的调整方法有以下两种：

① 通过增减调整垫片进行调整。在两轴承之间隔套前装有调整垫片3（图6-21a），或在轴肩前装有调整垫片3（图6-21b），增减调整垫片的厚度即可改变两轴承内圈压紧后的距离，从而使轴承预紧度得到调整。预紧度是否符合要求，可用测量转动凸缘盘6的力矩来判断。若测得的力矩大于标准值，说明轴承的预紧度过大，应适当增加调整垫片的厚度。另外，有的两轴承内圈之间的距离已定，而在主减速器油封后面装有调整垫片3，如图6-21c所示，增减此垫片厚度即可改变两轴承外圈之间的距离，以调整轴承预紧度。与此类同，有的汽车不用调整垫片，而是通过改变隔套长度来调整轴承预紧度。

② 用一个弹性隔套来调整轴承的预紧度。装配时，在前、后轴承内圈之间放置一个可压缩的弹性薄壁隔套，按规定力矩拧紧凸缘盘固定螺母时，隔套产生弹性变形，其张力自动适应对轴承预紧度的要求，如图6-22所示。由于隔套的弹性衰退，调整时每次都必须换用新的隔套。

2）从动锥齿轮轴承预紧度的调整。从动锥齿轮轴承预紧度的调整方法因驱动桥的结构不同而分为两种：

① 用调整螺母进行调整。在单级主减速器中，其从动锥齿轮固定在差速器壳上，从动锥齿轮轴承就是差速器轴承，调整从动锥齿轮轴承预紧度也就是调整差速器轴承的预紧度。差速器轴承两侧都有调整螺母。装配时，将差速器轴承外圈套在轴承上，将差速器总成装入

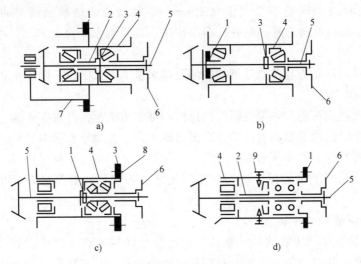

图 6-21　主动锥齿轮轴承预紧度的调整

a) 跨置式　b)、c)、d) 悬臂式

1—主动锥齿轮啮合状况调整垫片　2—隔套　3—轴颈预紧度调整垫片　4—主动锥齿轮轴承座
5—主动锥齿轮轴　6—凸缘盘　7—主减速器　8—油封盖　9—调整螺栓

差速器壳内，将两侧调整螺母装在座孔内的螺纹部分。然后将两侧轴承盖对好螺纹后装复（左、右两个轴承盖不得互换），装好锁片，用螺栓紧固轴承盖。

调整轴承预紧度时，慢慢转动两侧调整螺母，同时慢慢转动差速器总成，使滚柱处于正确位置。

正确的预紧度可用转动差速器总成的力矩来衡量。预紧度调整后，应将调整螺母锁片锁住。此外，双级主减速器的差速器轴承预紧度的调整与此相同。

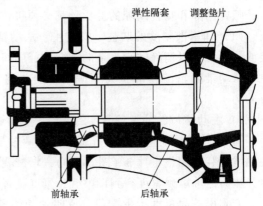

图 6-22　用弹性隔套调整轴承的预紧度

② 用调整垫片进行调整。在双级主减速器中，从动锥齿轮与二级减速的主动圆柱齿轮固定在同一根轴上，两端用轴承支承在主减速器壳上。轴承预紧度的调整可参照图 6-22 进行，选择适当厚度的调整垫片安装在主减速器与轴承盖之间。拧紧轴承盖紧固螺栓后，用转动从动锥齿轮的力矩来衡量预紧度是否合适。如果所需力矩过大，则说明预紧度过大，应增加垫片的厚度。

此外，有些汽车采用组合式桥壳，其从动锥齿轮轴承预紧度的调整可通过改变轴承与差速器壳之间的垫片厚度来进行。增加垫片的厚度，轴承预紧度增加。

（2）主、从动锥齿轮啮合印痕与齿侧间隙的调整　锥齿轮副必须有正确的啮合印痕与齿侧间隙，才能正常工作并达到正常的使用寿命。正确的啮合印痕与齿侧间隙是通过齿轮的轴向移动改变其相对位置来实现的。因此，锥齿轮传动机构都有轴向位置调整装置，即啮合印痕与齿侧间隙调整装置。

对主、从动锥齿轮啮合印痕与齿侧间隙的调整要求为：主、从动锥齿轮应沿齿长方向接触，其位置控制在齿轮的中部偏向小端，离小端端部 2~7mm。接触痕迹的长度不小于齿长的 50%，齿高方向的接触印痕应不小于齿高的 50%，一般应距齿顶 0.80 ~ 1.60mm，如图 6-23 所示。齿侧间隙为 0.15 ~ 0.50mm，但每一对锥齿轮副啮合间隙的变动量不得大于 0.15mm。

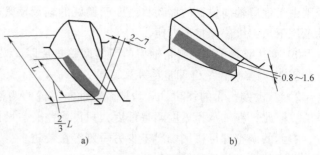

图 6-23 啮合印痕
a）装配时 b）在负荷情况下

装配时，如检查发现主、从动圆锥齿轮的啮合印痕和齿侧间隙不符合要求，可参照表 6-1 的方法进行调整。这种调整方法可简化为如下的口诀：大进从、小出从；顶进主、根出主。用这种方法调整时，要注意保证齿侧间隙不小于最小值。值得注意的是锥齿轮的生产厂家不同，其调整方法也不同。因此，调整时一定要仔细阅读厂家维修手册后进行作业。

表 6-1 锥齿轮副啮合印痕与齿侧间隙的调整方法

从动齿轮面接触区		调整方法	齿轮移动方向
向前行驶	向后行驶		
		当啮合印痕偏大端时，将从动齿轮向主动齿轮移近。若此时齿侧间隙过小，则将主动齿轮向外移开	
		当啮合印痕偏小端时，将从动齿轮自主动齿轮移开。若此时齿侧间隙过大，则将主动齿轮向内移近	
		当啮合印痕偏齿顶时，将主动齿轮向从动齿轮移近。若此时齿侧间隙过小，则将从动齿轮向外移开	
		当啮合印痕偏齿根时，将主动齿轮自从动齿轮移开。若此时齿侧间隙过大，则将从动齿轮向内移近	

实现齿轮位移的具体方法与车辆的结构有关，主要有以下几种：

1）主动锥齿轮的移动。

① 通过增减主动锥齿轮轴承座与主减速器壳之间的调整垫片厚度来调整。当增减此垫片厚度时，就可实现主动锥齿轮的轴向移动。

② 通过增减主动锥齿轮背面与轴承之间的调整垫片厚度来调整。若轴承预紧度调整垫片是靠在轴肩上的，则在调整锥齿轮轴向移动的同时必须等量增减轴承预紧度的调整垫片。

否则由于轴肩轴向位置的移动将改变已调好的轴承预紧度。该调整方式需将主动锥齿轮上的轴承压下来，维修调整不方便。

③ 通过增减主动锥齿轮轴肩前面的调整垫片厚度来调整。

④ 用调整螺栓配合调整垫片来调整。

2）从动锥齿轮的移动。从动锥齿轮轴向位置的调整装置与轴承预紧度的调整装置是共享的。因此，在轴承预紧度调整好后，只需将左、右两侧的调整垫片从一侧调到另一侧，或左、右侧的调整螺母一侧松出多少另一侧等量旋进多少，就可以在不改变轴承预紧度的前提下，改变从动锥齿轮的轴向位置。

通过上述方法移动主、从动锥齿轮的位置，就能对锥齿轮副的啮合印痕和啮合间隙进行调整。

（3）驱动轮轮毂轴承的调整　将加注好润滑脂的内轴承装到半轴套管上，装入轮毂和外轴承，边拧调整螺母，边正、反两个方向转动轮毂，使轴承滚子正确就位。以规定力矩拧紧调整螺母，并将螺母按规定退回一定角度。然后装上油封和锁紧垫圈，并使调整螺母上的销子穿入锁紧垫圈的孔内。最后，将锁紧螺母以规定力矩拧紧。调整后，轮毂应能自由旋转，而无明显的轴向松动和摆动现象。

16.3　驱动桥异响的故障原因分析

1）齿轮油油量不足、油质变差，特别是油内有较大金属颗粒。

2）驱动桥内轴承损伤、严重磨损松旷或齿轮齿面磨损、点蚀，轮齿变形或折断。

3）主减速器齿轮副严重磨损，啮合面调整不当，啮合间隙不符合标准（太大或太小），啮合间隙不均匀或未成对更换。

4）差速器壳与行星齿轮轴配合松动，行星齿轮轴孔与其轴磨损松旷。

5）半轴齿轮与行星齿轮啮合间隙不符合标准（过大或过小）或半轴齿轮与半轴花键配合松旷。

16.4　驱动桥异响的故障诊断

1）将变速器挂入空档，架起驱动桥，用手转动驱动桥输入轴凸缘检查其游动角度。若其游动角度过大，则故障由齿轮啮合间隙或半轴花键配合间隙过大引起。

2）检查驱动桥内油量、油质、油型号。若不符合要求，则故障由此引起（同时有驱动桥发热现象）。

3）若驱动桥油量、油品检查正常，则可进行道路试验，做进一步检查：

① 汽车挂档行驶、脱档滑行均有异响。这种故障多由主减速器齿轮啮合间隙不当、轮齿变形、齿面技术状况变差（磨损、点蚀、胶合等）或轴承松旷引起。

② 汽车挂档行驶有异响，脱档滑行声响减弱或消失。这种故障由主减速器齿轮轮齿的正面磨损严重或损伤而齿的反面技术状况良好或齿轮间隙调整不当引起。

③ 汽车起步或突然变速时发出"吭"的一声，或汽车缓速时发生"克啦、克啦"的撞击声。这种故障由齿轮啮合间隙过大或半轴齿轮与半轴花键配合间隙过大引起。

④ 汽车行驶时发出周期性的金属撞击声。这种故障由齿轮个别轮齿折断引起。

⑤汽车转弯行驶时有异响,直线行驶时声响减弱或消失。这种故障一般由半轴齿轮或行星齿轮的齿面严重磨损、齿面点蚀、轮齿变形或折断、行星齿轮轴磨损等引起。

⑥ 汽车直线行驶和转弯行驶时,有"哽呲、哽呲"的碰擦声,严重时产生金属撞击声。这种故障由半轴或套管弯曲变形引起。

⑦ 汽车行驶中异响时有时无或有时呈周期性变化。这种故障一般由齿轮油中有杂质引起。

知识拓展

驱动桥过热的故障诊断与维修

(1)故障现象 汽车行驶一段里程后,用手探试驱动桥壳中部或主减速器壳,有无法忍受的烫手的感觉。

(2)故障原因

1)齿轮油变质、油量不足或牌号不符合要求。

2)轴承预紧度过大或齿轮啮合间隙过小,止动垫片与齿轮背隙过小。

3)油封过紧或各运动副、轴承润滑不良而产生干摩擦。

(3)故障诊断

1)检查齿轮油油面高度。如果油面太低,应按规定添加齿轮油。

2)若油量充足,则应检查齿轮油规格、黏度或润滑性能。如果检查结果不符合要求,则故障由齿轮油变质或牌号不符引起,应排尽原来的齿轮油,冲洗桥壳内部,换规定型号的润滑油。

3)用手触摸油封处。若过热,则故障由油封过紧或损伤引起,应重新装配或更换油封。

4)用手触摸轴承处。若过热,则故障由轴承损坏或调整不当引起,应更换损坏的轴承或调整轴承。

5)若不是上述问题,则应检查齿轮啮合间隙。先松开驻车制动器手柄,将变速器置于空档,然后轻轻转动主减速器的凸缘盘。若转动角度太小,则故障由主减速器齿轮啮合间隙太小引起。若转动角度正常,则故障由行星齿轮与半轴齿轮啮合间隙太小或止动垫片与齿轮背隙过小引起,应重新调整上述齿轮啮合间隙。

作 业

完成"学习工作页"6.2的测试题和实训7。

参 考 文 献

[1] 邹长庚. 现代汽车电子控制系统构造原理与故障诊断（下）——车身与底盘部分 [M]. 北京：北京理工大学出版社，2006.

[2] 纪常伟. 汽车构造——底盘篇 [M]. 北京：机械工业出版社，2007.

[3] 金加龙. 汽车底盘构造与维修 [M]. 北京：电子工业出版社，2005.

[4] 周林福. 汽车底盘构造与维修 [M]. 北京：人民交通出版社，2005.

[5] 沈锦. 汽车底盘构造与维修 [M]. 北京：机械工业出版社，2007.

[6] 林平. 汽车构造 [M]. 北京：科学出版社，2007.

[7] 幺居标. 汽车底盘构造与维修 [M]. 北京：机械工业出版社，2005.

说　　明

1. "学习工作页"配套相应主教材使用。

2. 教师根据教学进度，布置学习工作页中相应任务，也可以变更补充。

3. "学习工作页"由学生独立或集体完成。

4. 教师及时检查、批阅学生完成工作页情况，并给以评分。

5. 教师定期组织学生撰写海报，并进行交流。

目　　录

项目1　汽车传动系统认知及汽车维修安全守则

1.1　汽车传动系统认知测试题

1. 填空题

1）汽车底盘由_____、_____、_____和_____四个部分组成。

2）写出图 1-1 中机械式传动系统的组成名称。

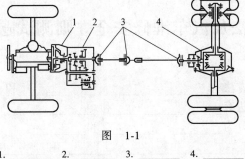

图　1-1

1. _____　　2. _____　　3. _____　　4. _____

3）行驶系统包括_____、_____、_____和_____等部分。

4）转向系统包括转向盘、转向传动轴、_____、_____、_____、_____等部分。

2. 单项选择题

1）东风本田 CR-V 采用_____驱动模式。

A. 分时四驱　　　　B. 适时驱动　　　　C. 全时四驱　　　　D. 以上均可

2）汽车传动系统未来技术的发展趋势是_____。

A. 机械式传动系统　　　　　　　B. 液力机械式传动系统

C. 液压传动系统　　　　　　　　D. 电传动系统

3. 简答题

1）传动系统布置形式有哪些？

2）写出图 1-2 中制动系统的组成名称。

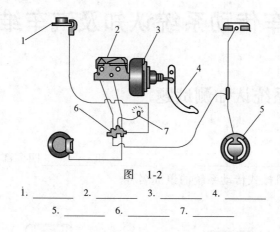

图 1-2

1. _____ 2. _____ 3. _____ 4. _____
5. _____ 6. _____ 7. _____

1.2 汽车维修方法及汽车维修安全守则测试题

1. 填空题

1）汽车维修的基本方法有_____、_____、_____和_____。

2）汽车故障诊断方法有_____和_____两种。

3）汽车维护一般可分为_____、_____和_____。

4）汽车修理可分为_____、_____、_____和_____。

2. 简答题

汽车维修生产安全注意事项有哪些？

实训 1 汽车传动系统总体认识

一、实训目的

1）认识汽车传动系统各部分的结构特点、相互关系及安装位置等。

2）能正确、规范地使用工具，对传动系统进行拆装调整操作。

3）能进行传动系统零部件的检测、维修操作。

4）能对照传动系统实物进行结构分析。

5）能画出传动系统的工作原理图。

二、实训课时

2h

三、实训地点

汽车传动系统实训室

四、实训要求

1）严格按照实训室规定，统一着装，不准穿背心、短裤和拖鞋，禁止戴手表、项链等。

2）禁止大声吵闹和追逐。

3）分组操作，相互配合，加强讨论，听从指挥。

五、实训设备

1）整车6辆。

2）常用工具6套以上。

3）专用工具6套以上。

4）零件盘、润滑脂、抹布等辅助工具。

六、实训步骤

1）信息收集。

观察实训车辆，查询维修手册，填写下表。

序号	项目	内容
1	商标	
2	型号	
3	VIN	
4	制造日期	
5	最大允许总质量	
6	发动机型号	
7	发动机最大净功率	
8	发动机排量	
9	传动系统布置形式	

2）认识汽车传动系统主要总成部件等。

3）选择合适工具，按照先外部后内部、先上下部后中间、先容易后复杂、先机构后零件等顺序进行拆卸操作。

4）对零部件进行结构分析和检验。

5）按照与拆卸方法相反的步骤进行装配和调整。

6）工具设备整理和清洁卫生收尾工作。

七、注意事项

1）严格各项操作规程，不急于求成，注意人身安全。

2）正确使用工具、量具检验设备，避免设备和工具损坏。

3）做好收尾工作，做好设备工具使用记录。

4）合理分配操作时间，力争在规定时间完成实训任务，若规定时间内未完成任务的，尽快安排课余时间来完成任务，以免影响到其他班级实训。

5）实训结束后，尽快利用课余时间完成实训报告。

项目2　离合器的故障诊断与维修

2.1　离合器构造原理测试题

1. 填空题

1）按照离合器主动部分与从动部分之间传递转矩的方式进行分类，离合器可分为_____、_____和_____3种类型。

2）摩擦离合器由_____、_____、_____和_____4部分组成。

2. 单项选择题

不属于分离杠杆防干涉措施的是（　　　）。

A. 支点摆动式　　　B. 支点移动式　　　C. 重点摆动式　　　D. 重点移动式

3. 简答题

1）离合器的功用有哪些？

2）对离合器的基本性能要求有哪些？

3）摩擦离合器的工作原理是怎样的？

2.2　摩擦离合器构造原理测试题

1. 填空题

1）周布弹簧离合器的主动部分包括_____、_____和_____，从动部分包括_____和_____，压紧部分包括_____和_____。

2）根据离合器分离时，分离指内端的受力方向不同，膜片弹簧离合器可分为_____和_____。

3）从动盘主要由_____、_____和_____3个基本部分组成。

4）从动盘主要有_____、_____和_____几种结构形式。

2. 判断题

1）离合器操纵机构中的分离杠杆、分离轴承及分离套筒、分离叉装在离合器壳的外部。 （　　　）

2）长征 XD2150 型汽车采用双片弹簧离合器。 （　　　）

3. 名词解释

1）自由间隙：

2）离合器踏板自由行程：

4. 简答题

1）摩擦离合器有哪几种？

2）对离合器的基本性能要求有哪些？

3）膜片弹簧离合器的工作原理是怎样的？

2.3　离合器操纵机构构造原理测试题

1. 填空题

1）按照分离离合器的操纵能源不同，操纵机构分为_____和_____两类。

2）机械式操纵机构有_____和_____两种。

3）液压式操纵机构以油液作为传力介质，它主要由_____、_____和_____

组成。

4）_____助力装置一般用于轻型汽车和轿车上，重型汽车常采用_____操纵机构。

2. 简答题

1）离合器总成如何拆装？

2）离合器踏板自由行程如何检查？

3）离合器控制系统如何拆装？

实训2　离合器分离不彻底的故障诊断与维修

1. 信息收集

观察实训车辆，查询维修手册，填写下表。

序号	项目	内容
1	商标	
2	型号	
3	VIN	
4	制造日期	
5	最大允许总质量	
6	发动机型号	
7	发动机最大净功率	
8	发动机排量	
9	离合器类型	

2. 故障树制作

分析离合器分离不彻底的主要影响部件和可能影响原因，绘制离合器分离不彻底的故障树。

3. 常规检查

（1）离合器总成

离合器总成的拆装。	（ ）
离合器弹簧销的拆装。	（ ）
释放叉的拆卸。	（ ）
离合器盖总成的拆卸。	（ ）
离合器盘的检修。	（ ）
离合器盖的安装。	（ ）
离合器盘的安装。	（ ）
释放轴承的润滑和检查。	（ ）
液压离合器油位的检查。	（ ）

（2）离合器踏板

离合器踏板的拆装。	（ ）
离合器踏板自由行程的检查。	（ ）
离合器踏板轴和衬套的检查。	（ ）

（3）离合器控制系统

离合器控制系统的拆装。	（ ）
离合器管道的检修。	（ ）

（4）离合器主缸

离合器主缸的拆装。	（ ）
离合器主缸的检查。	（ ）

（5）离合器释放筒

离合器释放筒的拆装。	（ ）
活塞和活塞帽的分解。	（ ）
离合器释放筒的检查。	（ ）

4. 故障维修

根据检测结果，判定离合器分离不彻底故障的原因是＿＿＿＿＿＿＿＿＿＿＿＿＿

＿＿＿＿＿＿＿＿＿＿＿＿＿＿＿＿＿＿＿＿＿＿＿＿＿＿＿＿＿＿＿＿。

查询维修手册，对故障部件进行更换或维修，并写出更换步骤：

维修完成后，进行试车，确认故障并排除。

项目3　手动变速器的故障诊断与维修

3.1　变速器构造原理测试题

1. 填空题

1）写出图3-1中齿轮传动机构各部件的名称：

Ⅰ是_____，Ⅱ是_____，1是_____，2是_____。

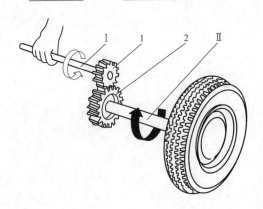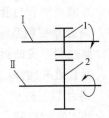

图　3-1

2）变速器的功用有_____、_____和_____。

3）变速器按传动比变化方式分_____、_____和_____3种。

4）变速器按操纵机构分_____、_____和_____3种。

5）普通齿轮变速器由_____、_____、_____和_____等组成。

6）副变速器有_____和_____两种。

2. 单项选择题

两轴式变速器没有（　　　）。

A. 输入轴　　　　B. 输出轴　　　　C. 中间轴　　　　D. 倒档轴

3. 简答题

1）普通齿轮式变速器的工作原理是怎样的？

2）三轴式齿轮传动（两级齿轮传动）的特点是什么？

3.2 同步器与变速器操纵机构构造原理测试题

1. 填空题

1）写出图 3-2 中锁环式惯性同步器各部件的名称：

1 是 _____，2 是 _____，3 是 _____，4 是 _____，5 是 _____，
6 是 _____。

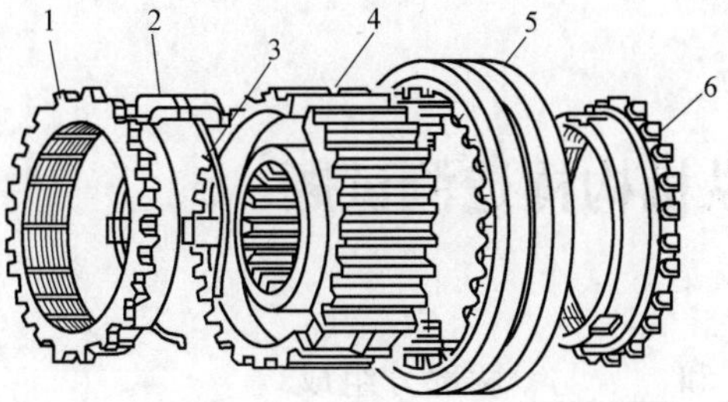

图 3-2

2）根据惯性式同步器中采用的锁止机构不同，常用的有_____和_____两种。

3）锁销式惯性同步器主要由花键毂、接合套、_____、_____、_____、_____和钢球、弹簧等组成。

4）变速器按操纵机构分_____、_____和_____ 3 种。

5）变速操纵机构根据变速杆距离变速器的远近分_____、_____和_____ 3 种类型。

6）变速操纵机构通常由_____和_____两部分组成。

7）普通齿轮变速器由_____、_____、_____和_____等组成。

8）副变速器有_____和_____两种。

9）防止自动跳档（接合套与齿圈脱离啮合）的结构措施有_____和_____。

2. 单项选择题

1）两轴式变速器没有（　　）。

A. 输入轴　　　　B. 输出轴　　　　C. 中间轴　　　　D. 倒档轴

2）定位锁止装置不包括（　　）。

A. 自锁装置　　　B. 互锁装置　　　C. 倒档锁装置　　　D. 联锁装置

3）互锁装置的结构形式不包括（　　）。

A. 锁球式　　　　B. 锁销式　　　　C. 锯齿式　　　　D. 钳口式

3. 简答题

1）无同步器的换档过程是怎样的？

2）同步器的功用是什么？

3）变速器操纵机构的功用是什么？

3.3　分动器与操纵机构构造测试题

1. 填空题

1）分动器由_____和_____两部分组成。

2）操纵机构必须保证：换入低速档前应先_____，摘下前桥前应先_____。

3）三轴式普通齿轮分动器包括_____、_____和_____3根输出轴。

2. 判断题

两个输出轴式分动器用于前、后桥都为驱动桥的轻型越野汽车。　　　　　　　　　　（　　）

3. 简答题

分动器的功用是什么？

实训3　手动变速器挂档困难的故障诊断与维修

1. 信息收集

观察实训车辆，查询维修手册，填写下表。

序号	项目	内容
1	商标	
2	型号	
3	VIN	
4	制造日期	
5	最大允许总质量	
6	发动机型号	
7	发动机最大净功率	
8	发动机排量	
9	手动变速器类型	

2. 故障树制作

分析手动变速器挂档困难的主要影响部件和可能影响原因，绘制手动变速器挂档困难的故障树。

3. 常规检查

检查变速叉轴是否弯曲变形。　　　　　　　　　　　　　　　　（　　）

检查自锁或互锁钢球是否破裂、毛糙、卡滞。　　　　　　　　　（　　）

检查变速联接杆是否调整不当或损坏。　　　　　　　　　　　　（　　）

检查同步器是否耗损或有缺陷。　　　　　　　　　　　　　　　（　　）

检查变速器轴是否弯曲变形或花键损坏。　　　　　　　　　　　（　　）

检查操纵机构是否有变形或卡滞。　　　　　　　　　　　　　　（　　）

4. 故障维修

根据检测结果，判定手动变速器挂档困难故障的原因是 _____

_____ 。

查询维修手册，对故障部件进行更换或维修，并写出更换步骤：

维修完成后，进行试车，确认故障并排除。

项目4 自动变速器的故障诊断与维修

4.1 自动变速器、液力变矩器与液力耦合器构造原理测试题

1. 填空题

1）自动变速器由_____、_____、_____、_____等几大部分组成。

2）液力耦合器由_____、_____和_____组成。

2. 判断题

1）液力变矩器与液力耦合器最大的不同点在于，在泵轮和涡轮之间增加了一个导轮，导轮可以双向旋转。　　　　　　　　　　　　　　　　　　　　　　　　（　　）

2）在高速行驶时，锁止离合器把泵轮和导轮直接连接起来，形成硬性连接。　（　　）

3. 简答题

1）自动变速器的特点是什么？

2）自动变速器有哪几种？

3）液力变矩器的作用是什么？

4.2 自动变速器齿轮变速机构、换档执行元件及控制系统测试题

1. 填空题

1）自动变速器的齿轮变速系统主要包含_____、_____和_____三大部分。

2）写出图4-1中简单行星齿轮机构组成的名称。

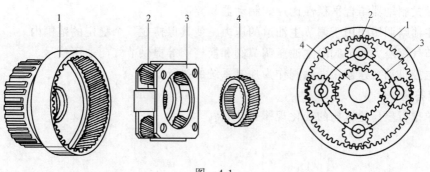

图 4-1

1. _____ 2. _____ 3. _____ 4. _____

3）辛普森齿轮机构特点是具有_____，共用_____，_____与_____相接在一起共同做为动力输出轴。

4）换档执行元件包括_____、_____和_____3 种不同的元件。

5）写出图 4-2 中带式制动器各部件的名称。

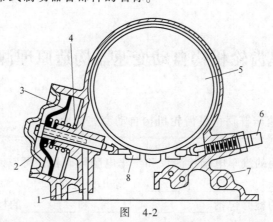

图 4-2

1 是_____，2 是_____，3 是_____，4 是_____，5 是_____，6 是_____，7 是_____，8 是_____。

6）自动变速器按换档信号和执行元件是电子控制还是全液压元件控制，可分为_____和_____自动变速器。

7）自动变速器常用的油泵有 3 种形式，分别为_____、_____和_____。

8）电子控制自动变速器控制系统由_____和_____两大部分组成。

9）一般车型的模式开关有_____和_____两种驾驶模式供选择。

2. 单项选择题

1）多片湿式离合器的构成不包括（　　）。

A. 离合器钢片　　　B. 保持架　　　C. 离合器摩擦片　　D. 离合器毂

2）常见的单向离合器不包括（　　）。

A. 锲块式　　　B. 滚柱式　　　C. 棘轮式　　　D. 叶片式

3. 判断题

1）离合器的作用是连接或分离两个传动元件。　　　　　　　　　　　（　　）

2）带式制动器结合平稳性比片式制动器易控制。 （　　）

3）主油路调压阀用于调节主油道的压力，使其保持在一个稳定的范围内。 （　　）

4）节气门压力调节阀向主油压调节阀和换档阀等提供节气门油压信号。 （　　）

5）电控自动变速器用电磁阀作为控制系统的执行器。 （　　）

4. 简答题

1）单排行星齿轮机构的变化规律是什么？

2）自动变速器油应具有哪些主要性能？

4.3　辛普森行星齿轮机构自动变速器构造原理测试题

1. 填空题

1）丰田 A40 型三速辛普森行星齿轮机构自动变速器由_____、_____和_____三部分构成。

2）通过专用或通用的汽车电脑检测仪和汽车电脑解码器，可以对电子控制自动变速器的控制系统进行_____、_____和_____等几种检测。

3）液压控制系统的检修包括_____、_____和_____的检修。

2. 单项选择题

1）P 是（　　）。

A. 停车档　　　　　B. 倒车档　　　　　C. 空档　　　　　D. 前进档

2）电控自动变速器电控系统中的传感器不包括（　　）。

A. 节气门位置传感器　　　　　　　　B. 车速传感器

C. 氧传感器　　　　　　　　　　　　D. 输入轴转速传感器

3. 判断题

1）丰田 A40 型三速辛普森行星齿轮机构自动变速器不设超速档，适用于后桥驱动的汽车。 （　　）

2）A42D 自动变速器设有超速档，大大提高了液力自动变速器汽车的性能。 （　　）

4. 简答题

1）自动变速器检查包括哪些基本检查？

2）电控液力自动变速器的性能试验是怎样的？

实训 4　自动变速器不能升档的故障诊断与维修

1. 信息收集
观察实训车辆，查询维修手册，填写下表。

序号	项目	内容
1	商标	
2	型号	
3	VIN	
4	制造日期	
5	最大允许总质量	
6	发动机型号	
7	发动机最大净功率	
8	发动机排量	
9	自动变速器类型	

2. 故障树制作
分析自动变速器不能升档的主要影响部件和可能影响原因，绘制自动变速器不能升档的故障树。

3. 常规检查及检修
（1）液面高度检查　　　　　　　　　　　　　　　　　　　（　　）
（2）油质检查　　　　　　　　　　　　　　　　　　　　　（　　）
（3）液压油的更换　　　　　　　　　　　　　　　　　　　（　　）
（4）怠速检查　　　　　　　　　　　　　　　　　　　　　（　　）
（5）故障自诊断　　　　　　　　　　　　　　　　　　　　（　　）
（6）液力变矩器的检修　　　　　　　　　　　　　　　　　（　　）
（7）换档执行机构的检修　　　　　　　　　　　　　　　　（　　）

（8）液压控制系统检修 （　　）

（9）电子控制系统检修 （　　）

4. 故障维修

根据检测结果，判定自动变速器不能升档故障的原因是_____

_____。

查询维修手册，对故障部件进行更换或维修，并写出更换步骤：

维修完成后，进行试车，确认故障并排除。

4.4 无级变速器（CVT）的构造与工作原理测试题

1. 填空题

1）奥迪 01J 型 CVT 主要由 1 _____、2 _____、3 _____、4 _____、5 _____、6 _____、7 _____和 8 _____组成，如图 4-3 所示。

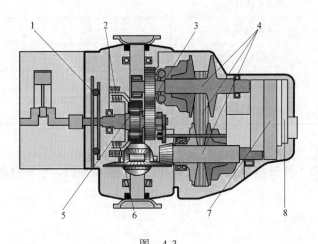

图 4-3

2）01J 自动变速器的机械系统包括_____、_____、_____、_____和_____等。

3）01J 自动变速器的电子控制系统主要由_____、_____和_____等组成。

4）写出图 4-4 中系统的组成名称。

1—安装在吸气喷射泵（吸气泵）上的压力管；2—_____；3—_____；4—进油过滤器；5—直接插接插头；6—_____；7—_____。

5）液压控制单元由_____、_____和_____组成。

2. 单项选择题

不属 01J 自动变速器的主要传感器是（　　）。

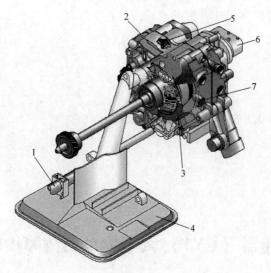

图 4-4

A. 变速器输入转速传感器　　B. 变速器输出转速传感器

C. 自动变速器油压传感器　　D. 冷却液温度传感器

3. 判断题

1）转矩传感器产生的轴向力作为控制力与发动机转矩成反比。　　　　（　　）

2）输入转矩和传动链跨度半径确定了变速器的实际变速比。　　　　（　　）

3）01J 采用新型骨架式密封环系统。　　　　（　　）

4. 简答题

1）无级变速器的工作原理是怎样的（参照图 4-5 分析）？

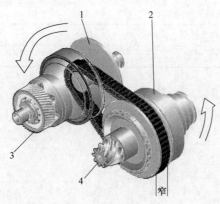

图　4-5

2）CVT 如何保养？

3）CVT 诊断及检修步骤是什么？

4）奥迪 A6、A4 的 01J 变速器常见问题有哪些？

实训 5　无级变速器（CVT）汽车耸车的故障诊断与维修

1. 信息收集

观察实训车辆，查询维修手册，填写下表。

序号	项目	内容
1	商标	
2	型号	
3	VIN	
4	制造日期	
5	最大允许总质量	
6	发动机型号	
7	发动机最大净功率	
8	发动机排量	
9	CVT 类型	

2. 故障树制作

分析 CVT 耸车故障的主要影响部件和可能影响原因，绘制 CVT 耸车的故障树。

3. 常规检查及检修

（1）ATF 的检查与更换

（2）基本诊断及检修步骤

1）问诊。

2）基本检查。

3）维修前的路试。

4) 电子液压控制系统的检修。

5) 机械元件的检修。

（3）检查操纵锁止机构

1) 检查点火钥匙拔下锁止机构。

2) 检查换档操纵机构。

4. 故障维修

根据检测结果，判定 CVT 耸车故障的原因是_____

_____。

查询维修手册，对故障部件进行更换或维修，并写出更换步骤：

维修完成后，进行试车，确认故障并排除。

项目 5　万向传动装置的故障诊断与维修

5.1　万向传动装置构造原理测试题

1. 填空题

1）万向传动装置的功用是_____。

2）万向传动装置主要由_____和_____等组成。

3）常见的准等角速万向节有_____和_____万向节。

4）等角速万向节的常见类型有_____、_____和_____等。

2. 判断题

十字轴式万向节在其运动中具有不等角速特性。　　　　　　　　　（　　）

3. 简答题

万向传动装置在汽车上主要应用在哪几个方面？

5.2　传动轴、中间支承、万向传动装置维护与检修测试题

1. 填空题

1）传动轴的功用是_____。

2）传动轴有_____和_____之分。

2. 判断题

中间支承能补偿传动轴轴向和角度方向的安装误差，以及汽车行驶过程中因发动机窜动或车架变形等引起的位移。　　　　　　　　　（　　）

3. 简答题

1）传动轴的布置形式有哪些？

2）万向传动装置如何维护？

3）万向传动装置常见故障的诊断与维修是怎样的？

实训 6　汽车传动轴噪声的故障诊断与维修

1. 信息收集

观察实训车辆，查询维修手册，填写下表。

序号	项目	内容
1	商标	
2	型号	
3	VIN	
4	制造日期	
5	最大允许总质量	
6	发动机型号	
7	发动机最大净功率	
8	发动机排量	
9	传动轴类型	

2. 故障树制作

分析汽车传动轴噪声故障的主要影响部件和可能影响原因，绘制汽车传动轴噪声的故障树。

3. 常规检查

（1）检查传动轴轴管有无裂纹、严重的凹瘪等损伤

（2）检查万向节叉、十字轴及轴承有无裂纹、磨损等损伤

（3）检查中间支承有无橡胶老化、轴承磨损所引起的振动和异响等损伤

（4）传动轴管焊接组合件（包括滑动套）重新进行动平衡试验

（5）检查等速万向节有无球形壳、球笼、星形套及钢球的凹陷、磨损、裂纹、麻点等损伤

4. 故障维修

根据检测结果，判定汽车传动轴噪声故障的原因是＿＿＿＿＿＿＿＿＿＿＿＿＿＿＿＿＿＿＿＿＿＿＿＿＿＿＿＿＿＿＿＿＿＿。

查询维修手册，对故障部件进行更换或维修，并写出更换步骤：

维修完成后，进行试车，确认故障并排除。

项目6 驱动桥的故障诊断与维修

6.1 驱动桥构造原理测试题

1. 填空题

1）驱动桥的功用是_____。

2）驱动桥由_____、_____、_____和_____组成。

3）按悬架结构不同，驱动桥可分为_____和_____两种。

4）主减速器的功用是_____。

5）解放CA1091型汽车双级主减速器的第一级为_____，第二级为_____。

2. 判断题

1）中型以下货车及轿车普遍采用单级主减速器。　　　　　　　　　　　　　（　　）

2）轮边减速器可以增加最小离地间隙，同时获得大的传动比，以提高通过能力和动力性。　　　　　　　　　　　　　　　　　　　　　　　　　　　　　　　（　　）

3. 简答题

1）主减速器的类型有哪些？

2）与单级主减速器相比，双级主减速器具有哪些主要结构特点？

6.2 差速器、半轴、桥壳和主减速器构造原理测试题

1. 填空题

1）差速器的功用是_____。

2）差速器按其用途可分为_____和_____；按其工作特性可分为_____和_____两大类。

3）普通齿轮式差速器有_____和_____两种。

4）汽车上常用的防滑差速器有_____和_____两大类。

5）现代汽车常采用_____和_____两种半轴支承形式。

6）驱动桥壳可分为_____和_____两类。

2. 判断题

1）无论差速器是否差速，行星锥齿轮差速器都具有转矩等量分配的特性。　　（　　）

2）半轴用于将差速器传来的动力传给驱动轮。　　　　　　　　　　　　（　　）

3. 简答题

1）托森差速器的工作原理是什么？

2）驱动桥主要零件如何检修？

3）主减速器如何调整？

4）驱动桥常见故障的诊断与排除是怎样的？

实训 7　驱动桥异响的故障诊断与维修

1. 信息收集

观察实训车辆，查询维修手册，填写下表。

序号	项目	内容
1	商标	
2	型号	
3	VIN	
4	制造日期	
5	最大允许总质量	
6	发动机型号	
7	发动机最大净功率	
8	发动机排量	
9	驱动桥类型	

2. 故障树制作

分析驱动桥异响故障的主要影响部件和可能影响原因，绘制驱动桥异响的故障树。

3. 常规检查

（1）驱动桥主要零件的检修

1）桥壳和半轴套管不允许有裂纹存在。

2）半轴应进行探伤检查，不得有裂纹存在。

3）轮毂应无裂损，轮毂各部位螺纹的损伤不得多于 2 牙。

（2）主减速器的调整

1）轴承预紧度的调整。

① 主动锥齿轮轴承预紧度的调整。

② 从动锥齿轮轴承预紧度的调整。

2）主、从动锥齿轮啮合印痕与齿侧间隙的调整。

① 主动锥齿轮的移动。

② 从动锥齿轮的移动。

3）驱动轮轮毂轴承的调整。

4. 故障维修

根据检测结果，判定驱动桥异响故障的原因是 _____

_____ 。

查询维修手册，对故障部件进行更换或维修，并写出更换步骤：

维修完成后，进行试车，确认故障并排除。